日韓の中学生が竹島（独島）問題で考えるべきこと

下條正男

表紙写真……シュティーラー『ハンド・アトラス』No65、「中国（東部）、朝鮮と日本」（

一、日韓の中学生が竹島（独島）問題で考えるべきこと

日本と韓国の間には、竹島の領有を巡る問題があります。竹島問題が起ったのは一九五二年一月十八日、韓国政府が公海上に「李承晩ライン」（韓国ではこれを平和線といいます）を設定したことが発端です。一九〇五年一月二十八日に日本領に編入されていた竹島が、「李承晩ライン」【写真①】の中に含まれていたからでした。竹島問題は、韓国政府が「李承晩ライン」を宣言し、竹島の領有権を主張したことからはじまったのです。

さらに一九五三年十二月、韓国政府は「漁業資源保護法」を制定して、「李承晩ライン」を越えた日本漁船を拿捕抑留する法的根拠としたのです。その後、韓国政府は竹島を占拠し、竹島

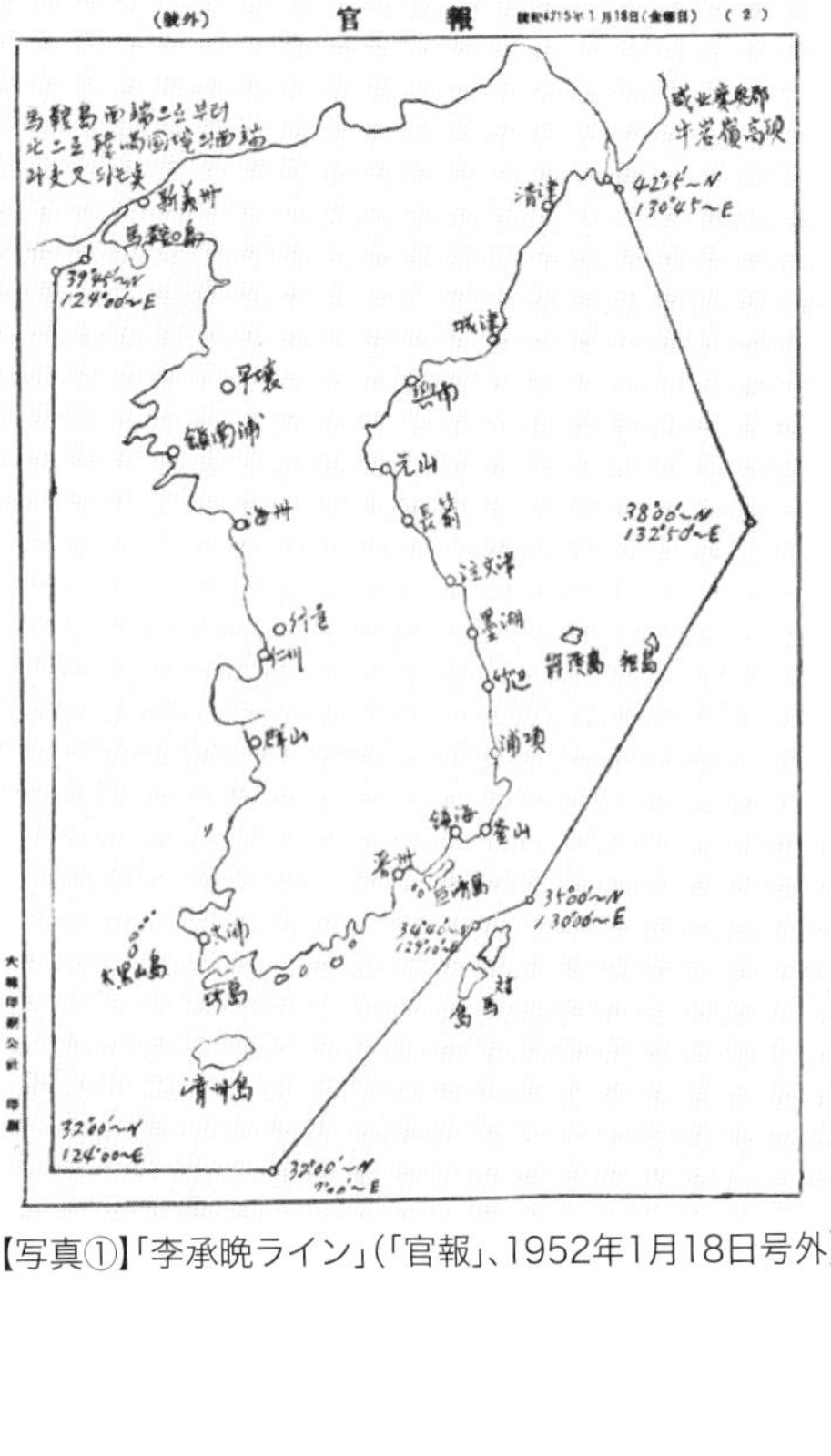

【写真①】「李承晩ライン」（「官報」、1952年1月18日号外）

に海洋警察を駐在させることになるのです。これに対して、日本政府は一九五四年九月二十五日、竹島問題を国際司法裁判所に付託するよう韓国政府に提案しましたが、韓国政府は十月二十八日、次のような覚書を日本政府に送って、日本政府の提案を拒否したのです。

「独島は太古の時代より韓国の領土であり今も韓国の領土である」。「紛争を国際司法裁判所に付託しようとする日本政府の提案は、司法的な仮装による虚偽の主張をするもう一つの企図に過ぎない」。「独島は日本の侵略の犠牲となった最初の韓国の領土である」

その後、竹島問題は休止の状態にありました。それが一九九六年二月、韓国政府が竹島に接岸施設の建設を始めると発表したことから、再燃することになったのです。

さらに二〇〇五年三月十六日、島根県議会が「竹島の領土権確立」を求め、「竹島の日」条例を制定したことから、日韓の対立が激しくなり、それは今日まで続いています。

日本政府は、「竹島の日」条例に対して批判的でしたが、韓国の盧武鉉大統領は違っていたからです。盧武鉉大統領は二〇〇五年三月二十三日、「韓日関係に関連して国民に伝える文」を通じて、次のように述べていたのです。

「日本は露日戦争中に独島を自国の領土として編入した。それは武力で独島を強奪したことだ。日本の島根県が「竹島の日」を宣言した二月二十二日は、百年前、日本が独島を自国の領土として編入したその日である。それは正に過去の侵略を正当化し、大韓民国の独立を否定する行為である」

ここで示された盧武鉉大統領の「歴史認識」は、一九五四年十月二十八日、大韓民国駐日代表部が日本政府に対して送った覚書の中で示されたものと同じものでした。この盧武鉉大統領の「歴史認識」で、「日本は露日戦争中に独島を自国の領土として編入した」としているのは、一九〇五年一月二十八日、日本政府が竹島を島根県の所属にしたことを指しています。

この盧武鉉大統領の「歴史認識」で明らかになったことは、竹島問題は一九〇五年一月二十八日、日本政府が閣議決定によって竹島を日本領にした際、実際に竹島は日韓のどちらのものだったのか、その事実（歴史的権原）の究明が不可欠だということです。竹島問題では、歴史の事実をいかに明らかにするのか、歴史研究が出発点になっているのです。

そこで盧武鉉大統領は、竹島問題を持続的に研究して、日本との外交に備えるため、二〇〇五年四月、「東北アジアの平和のための正しい歴史定立企画団」を発足させたのです。さらに二〇〇六年九月には「東北アジア歴史財団」として、より大きな研究機関としました。この「東北アジア歴史財団」では、日本との歴史問題に対応するため、「竹島問題」だけでなく「歴史教科書問題」、「慰安婦問題」、「日本海呼称問題（東海問題）」、「高句麗史問題」などの研究を始めています。

そこで「竹島の日」条例を制定した島根県では、二〇〇五年六月、「島根県竹島問題研究会」を設置し、以後、竹島問題に関する「調査研究」と「啓発活動」を続けて、今日に至っています。日本政府が竹島問題に関連した「領土主権対策企画調整室」を発足させるのは、二〇一三年のことです。島根県の「竹島の日」条例には批判的だった日本政府も、条例が成立する頃から次のように主張していたからです。


竹島は、歴史的事実に照らしても、かつ国際法上も明らかに日本固有の領土です。

韓国による竹島の占拠は、国際法上何ら根拠がないまま行われている不法占拠であり、韓国がこのような不法占拠に基づいて竹島に対して行ういかなる措置も法的な正当性を有するものではありません。

これに対して韓国政府が公表している「独島に対する政府の基本的立場」では、韓国政府の政治姿勢が、次のように示されています。

「独島は歴史的、地理的、国際法的にも明白な我々の固有の領土である。独島に対する領有権紛争は存在せず、独島は外交交渉や司法的解決の対象にはなりません。わが政府は独島に対する確固とした領土主権を行使しています。わが政府は独島に対する挑発にも確固として厳重に対応しており、これからも持続的に独島に対して、我々の主権を守護していきます」

日本政府では、韓国が「日本固有の領土」である竹島を「不法に占拠している」とし、韓国側では「独島は歴史的、地理的、国際法的にも明白な我々の固有の領土」として、類似の言葉を使いながら、全く逆の考え方を持っているのです。そこに日本では二〇二〇年から、竹島問題が学校教育の場で学習されることになったのです。これはまた日韓の新たな対立の始まりになることが予想されます。

しかし韓国側ではすでに二〇一一年二月、文化教育部が「小・中・高等学校独島教育の内容体系」を公表し、その年の十二月には、「東北アジア歴史財団」が小・中・高生を対象とした竹島教育の副教材を開発して、領土教育の場で使用されています。それも「東北アジア歴史財団」ではほぼ毎年、独島教材の改訂版を作り、試行錯誤をする中で着実に成果を上げています。その特徴としては、二〇一一年に出版された『永遠の我領土独島』と『独島を正しく知る』では、独島教育の目的を「日本人に説明できること」としている点にあります。それが二〇一九年に『実践活動誌』が「東北アジア歴史財団」によって編纂されたことで、韓国の学生達がより具体的な行動がとれるようになったのです。

そのような一連の独島教育の結果なのでしょうか。二〇一八年には、島根県の中学校に対して、韓国の中学生達から「独島は韓国領だ」とする葉書や手紙が届くようになりました。その葉書や手紙は、「東北アジア歴史財団」が開発した『独島を正しく知る』の独島教材をそのまま写し、手紙にしているのです。

その韓国の中学生さんからの手紙に対しては、返事を書いておきましたが、返信はありません。その後も、韓国の中学生の生徒さんの手紙が島根県の中学校に届いています。

ですが韓国の中学生の生徒さん達が書いた手紙を日本の中学生達に見せても、竹島問題に対する基礎知識のない日本の中学生には、理解ができないと思います。それは韓国から届く手紙は、大人達が書いた『独島を正しく知る』を読んで「独島は韓国の領土」として、「日本人を説得する」目的で送られてきていることとも関係しています。

おそらく韓国の中学生達も、「独島は韓国の領土」と教育されても、『独島を正しく知る』で証拠として挙げられている文献を読んだこともないまま、「独島は韓国の領土」とする手紙を書いているのだと思います。手紙を書いた韓国の中学生達も理解ができていないものを送られても、日本の中学生達が理解できるはずもありません。

これまでも島根県の中学生達が竹島問題について書いた作文を読む機会がありましたが、次世代の主人公達が直面している現状は、危機的状況にあるといえます。島根の中学生たちが書く竹島問題に関する作文では、「韓国側にも考えがあり、日本にもある、日韓についてよく調べて勉強したい」といった作品が多いのに対して、韓国の中学生は、「独島は韓国の領土」であることを説得するために書いている点で、大きな違いがあるからです。

この韓国の中学生たちから届く手紙は、相互理解を深めるためではなく、韓国政府の見解を日本の中学生達に伝えることが目的のようです。これでは日韓双方の子ども達がいたずらに敵対心を持ち、民族的な感情による対立を助長するだけです。

これは竹島問題を解決することのできない、日韓の大人達の責任です。本来、竹島問題のような領土問題は、大人達が解決しておくべき問題です。そこに小・中・高生を巻き込んで、みずからの政治的主張を代弁させることは、大人達の身勝手な要求でしかありません。竹島問題は、領土問題である前に、日韓双方の国家としての資質が、問われているのです。

現に日本政府は、竹島は日本の「固有の領土」で、韓国が「不法占拠」しているとしていますが、日本政府がそのように主張するようになったのは、島根県議会の「竹島の日」条例が成立する前後からです。それも島根県議会が竹島の「領土権の確立」を求め、「竹島の日」条例を制定しようとすると、それを阻止するため島根県に圧力をかけてきたのが、日本の外務大臣と外務省高官だったからです。

その日本では、二〇二〇年度から竹島教育を実施することになっていますが、平成二十九年度版の『中学学習指導要領社会編』(「公民的分野」)の「内容の取扱い」では、次のように記されています。

「我が国が、固有の領土である竹島や北方領土に関し残されている問題の平和的な手段による解決に向けて努力していることや、尖閣諸島をめぐり解決すべき領有権の問題は存在していないことなどを取り上げること」

日本では、我が国が「平和的な手段による解決に向けて努力していること」が重要で、韓国の独島教育では、「日本人を説得する」ための教育プログラムが確立しています。そしてその教育方針に基づいて、韓国の子ども達は動き始めているのです。

そこで奨励されている活動の中には、日本の中学生に手紙を送ることも含まれています。二〇一九年度には、小・中・高生を対象とした『実践活動誌』が新たに編纂されたため、今後、より積極的な活動がなされることが予想されます。

そこで韓国の中学生さんから届いた手紙の内容を検討し、韓国の独島教育ではどのようなことが教えられているのか、その問題点について考えてみることにしました。

次に挙げた十項目は、「独島は韓国領だ」として、韓国の中学生諸君が送ってくれた手紙に示された論拠の代表的なものです。この十項目の主張については、すでに『韓国の竹島教育の現状と問題点』でも問題点を明らかにしておきましたが、今回は日韓の中学生さん達が一緒に考えられるよう、小冊子にしてみました。

二、韓国の中学生達が独島を韓国領としている十の証拠

（一）独島が韓国の領土であることを示す文献に『三国史記』がある。その中で、新羅の異斯夫が于山国を征服した智証王十三年（五一二年）には、その属島である独島も韓国の領土になっていました。

（二）独島は欝陵島から見えます。それは『世宗実録』「地理志」（一四五四年撰進）にも次のように記されているからです。「于山と武陵の二島は、蔚珍県の正東の海中にある。二島は互いに遠く離れていないので、よく晴れた日には望み見ることができる」。ここにある于山島は、現在の独島のことなので、独島は十五世紀、韓国領であったことがわかります。

（三）一六九六年、日本に渡った安龍福が鳥取藩の藩主と交渉して、欝陵島と独島は韓国領であると認めさせた事実があります。その事実は日本にある『元禄九丙子年朝鮮舟着岸一巻之覚書』にも書かれています。

（四）江戸幕府は一六九五年十二月、鳥取藩に対して、欝陵島と独島について尋ねました。これに対して鳥取藩は、「欝陵島と独島は鳥取藩の領土ではない」と返答しま

した。これは欝陵島と独島が日本の領土でないとしたものです。

（五）日本の文献の中にも、独島は朝鮮の領土だと認めた文献と地図があります。その一つが一六六七年に書かれた『隠州視聴合紀』です。そこでは日本の西北の境界を隠岐島だとしています。日本の文献も独島は韓国領としていたのです。

（六）長久保赤水の『改正日本輿地路程全図』には欝陵島と独島が描かれているが、そこには朝鮮（韓国）と同じく彩色がなされていない。また緯度と経度がないのは、朝鮮の領土としているからです。

（七）一七八五年、林子平は『三国接壌図』を描いて、その中で竹島には「朝鮮ノ持也」としています。この竹島は欝陵島のことで、その右上にあるのが独島です。林子平は独島を朝鮮の領土としていたのです。

（八）一八七七年、日本の最高意思決定機関である太政官が次のような指令を出しています。「竹島外一島本邦関係無之」（竹島の外一島は日本とは関係がない）。これは島根県が提出した「調査資料」と「磯竹島略図」を見れば分かりますが、そこには現在の欝陵島と竹島が描かれています。これらによって太政官は、「竹島外一島本邦関係無之」としたのです。

（九）一九〇〇年、大韓帝国の高宗皇帝（光武帝）は「勅令第四十一号」で「欝陵島全島と竹島、石島」を鬱島郡の行政区域としました。この中の石島は、音韻の関係から現在の独島です。

（十）日本は一九〇五年、韓国の独島を「無主の地」として、島根県隠岐島司の管轄としてしまいました。独島は、日本による朝鮮侵略の最初の犠牲となった領土です。

この外にもありますが、ここに挙げた十の証拠は、韓国の中学生さんからもらった手紙の中で、独島を韓国領とする主なものです。韓国の中学生さん達は、これを『独島を正しく知る』や『独島教科書』等の教材に書かれた内容を参考にしながら、「独島は韓国領だ」と主張しています。では韓国の中学生さん達が証拠として挙げた文献や古地図は、実際にどのようなものだったのか。その歴史の事実について、一緒に考えることにしましょう。

(1)『三国史記』の「于山国」

最初に、韓国の中学生さん達に確認しておきたいのですが、お手紙をくれた皆さんは実際に、『三国史記』（「新羅本紀」）を読んだことがあるのでしょうか。確かに『三国史記』

(「新羅本紀」)には、「新羅の異斯夫」が于山国を征服したという記事があります。実はこれと類似の記述は、『三国遺事』にもあるのです。その『三国遺事』の「智哲老王条」をみると、そこには于陵島(欝陵島)の一周の距離が記されています。于陵島は、一周が「二万六千七百三十歩」(約四二・七六八㎞)だったとしています。この距離は、現在の欝陵島一周道路とほぼ同じ長さです。二〇一九年に完成した欝陵島の一周道路の総延長も、四四・五五㎞とされているからです。この欝陵島一周の距離は、于山国一周の距離であったとみてもよいのです。それは『三国史記』(「智証王十三年条」)にも、次のように、于山国のことが記されているからです。

「于山国は溟州の正東にある海島で或は名、欝陵島。地方一百里」

『三国史記』の「智証王十三年条」の記述によると、于山国は海島であったこと。また別名を欝陵島といい、その一辺は「一百里」だとしています。この「地方一百里」というのは、郡や県の行政範囲を示す時に使われる常套句で、実際に一辺が百里あったということではありません。それに韓国の百里は、日本の十里に該当します。欝陵島の縦は約九・

七km、横は十kmとされていますので、于山国は、ほぼ欝陵島一島のこととみてよいと思います。

しかし『独島を正しく知る』では、「智証王十三年条」の中で、「新羅帰服」の部分だけを取り上げ、于山国が海島であったことや別名を欝陵島といい、地方一百里の広さがあった事実については、何も記していません。それに『三国遺事』にも「智証王」による于山国征伐が記されていますが、これも『独島を正しく知る』には記されてはいません。

この『三国遺事』で重要な部分は、欝陵島の一周が「二万六千七百三十歩」（約四二・七六八km）であったということ、その欝陵島は『三国史記』では于山国のこととされているという事実です。

これらの記述から明らかなことは、『三国史記』と『三国遺事』に記された于山国はその一周が「二万六千七百三十歩」で、「地方一百里」の広さがあったということです。この于山国は欝陵島のことで、そこには独島が含まれているという記述もないのです。それが何故、独島は五一二年から韓国領だったとされ、独島は欝陵島の付属の島とされるようになったのでしょうか。

そのヒントは、一七七〇年に編纂された官撰の『東国文献備考』の中にあります。『東国文献備考』の「輿地考」には、「輿地志に云う、欝陵・于山は皆な于山国の地。于山は則ち倭の所謂松島なり」とした文章があるためです。韓国ではそれを根拠に、于山島を日本の松島とし、松島は于山国に付属する島としているのです。

ですがここで注意しておかなければならないことは、『三国史記』や『三国遺事』では、独島や松島に関連した記述がないことです。この事実は、「独島は日本の松島なり」とすることになるのは、後世の出来事に関係しているということです。この「于山は則ち倭の所謂松島なり」とするようになったのは、一六九六年六月に安龍福という人物が日本の鳥取藩に密航し、帰還後、朝鮮での取調に際して、「于山島は倭の松島だ」と供述したことが始まりです。安龍福の証言は、『粛宗実録』の他に『漂人領来謄録』、『春官志』等にも記録されていますが、それが転写されていったのです。しかし考えてみなければならないのは、安龍福が「于山島は松島だ」と供述したというだけで、于山島が松島だったということにはならないということです。

それに『東国文献備考』(「輿地考」)の底本となった申景濬の『疆界誌』(一七五六年)では、于山島と欝陵島に関して、「于山欝陵本一島」(于山島と欝陵島は同島)としているのです。これは『東国文献備考』が編纂される過程で、「于山島は松島」となったということを意味しています。それに『東国文献備考』が編纂されたのは一七七〇年です。安龍福が「于山島は松島だ」と証言したのは一六九六年のことでした。それが『東国文献備考』（「輿地考」）の底本となった申景濬の『疆界誌』の段階では、「于山欝陵本一島」とされていたのです。これは『東国文献備考』（「輿地考」）になって、「于山島は松島」と書き換えられていた、ということです。

その書き換えられた『東国文献備考』（「輿地考」）を根拠にして、于山島を松島（独島）とし、独島を于山国の属島とすることはできるのでしょうか。『三国史記』と『三国遺事』にも独島のことは書かれていませんので、独島が新羅時代の五一二年に韓国領になっていたとは言えないのです。

（２）「独島は欝陵島から見える」と『世宗実録』「地理志」の于山島

『独島を正しく知る』では、竹島は欝陵島からは見えるが、島根県の隠岐諸島からは見えないとしています。その距離は、欝陵島から独島までは八四・七㎞であるのに対して、隠岐諸島からは一五七・五㎞も離れているとして、独島までの距離を根拠に、独島は韓国領だとしています。

これには理由があるのです。近くて見えるので、独島は韓国領だとする主張は、『世宗実録』「地理志」（蔚珍県条）の記述が根拠になっています。

「于山武陵二島在縣正東海中。二島相去不遠。風日清明則可望見」（于山と武陵の二島は蔚珍縣の正東の海中に在る。二島の間は遠く離れていない。よく晴れた日には、望み見ることができる）

この『世宗実録』「地理志」の記事で問題になるのは、「よく晴れた日には、望み見ることができる」とした、「見える」です。それはどこからどの島を見ているかが問題になるからです。于山島を独島と解釈する研究者は、欝陵島から見える島は独島しかないので、『世宗実録』「地理志」の于山島は独島に違いないと主張します。

ですがそれでは地理的な条件を根拠に、『世宗実録』「地理志」の「見える」を解釈しただけのことで、于山島が独島であったことの証明にはなりません。ここでしなければならないのは、『世宗実録』「地理志」に対する文献批判です。文献批判とは、その文献が成立する際、どのような過程を経て出来上がっていたのか、その背景を明らかにすることです。

それは『世宗実録』「地理志」のような地志が編纂される際には、あらかじめ編纂の方針（「規式」）が定められていたからです。その「規式」について、『世宗実録』「地理志」の底本となった『慶尚道地理志』では、次のように記しているのです。

「諸島陸地相去水路息数」（諸島は陸地相去る水路の息数）

これは島嶼を管轄する官庁から島まで、どれだけの息数（距離）があるのか、記すことになっていた、ということです。するとこの「規式」（編集方針）に従って『世宗実録』「地理志」の「蔚珍県条」を解釈すると、「見える」は欝陵島を管轄する蔚珍県から、欝陵島が「見える距離にある」という意味で読まなければならないことになります。

この事実は、于山島を独島と解釈する韓国の研究者らが主張する、「欝陵島から見える島は独島しかないので、『世宗実録』「地理志」の于山島は独島だ」とする説は成り立たないということなのです。その「見える」を、欝陵島を管轄する蔚珍県から「見える」とする解釈が正しいことは、同じ地誌で、官撰の『新増東国輿地勝覧』（一五三〇年）の「蔚珍県条」で確認ができます。そこには次のように記述されているからです。

「于山島欝陵島　一云武陵。一云羽陵。二島在縣正東海中。三峯岌業樽空南峯稍卑。風日清明則峯頭樹木及山根沙渚歴歴可見」（于山島と欝陵島、一つは武陵といい。一つには羽陵という。二島は縣の正東の海中にあり、三峯岌業として空を樽（支）え、南峯がやや卑い。風日清明な日であれば、島の峯頭と樹木及び山根の沙渚が歴歴と見える）

この「蔚珍県条」を読めば、「見える」先にある島は明らかです。『新増東国輿地勝覧』（「蔚珍県条」）の「見える」の先には、その島の「樹木と沙渚」が見えているからです。岩礁に過ぎない独島には、峯頭に樹木も生えておらず、島の根元に沙渚などはありません。この「見える」の先にある島は独島ではありません。欝陵島です。

『新増東国輿地勝覧』の「蔚珍県条」も『世宗実録』「地理志」と同様、「規式」に従って編纂されていたからです。そのため『新増東国輿地勝覧』の「見える」も、朝鮮半島の蔚珍県から欝陵島が「見える」と解釈しなければならないのです。すると本文で「于山島欝陵島」と併記されていた于山島は、どこに行ってしまったのでしょうか。

その于山島は、『新増東国輿地勝覧』（「蔚珍県条」）の分註の中にあります。それも「于山欝陵本一島」として、于山島と欝陵島は、同島異名だとしているのです。『世宗実録』「地理志」にあった于山島は、『新増東国輿地勝覧』では欝陵島のこととして解釈されていたのです。これは『新増東国輿地勝覧』（「蔚珍県条」）の段階では、于山島の存在が不確実だった、ということです。

この事実は、極めて重要なのです。韓国の中学生さん達が根拠にしている于山島は、『新増東国輿地勝覧』で于山島が欝陵島と同島異名とされる前の『世宗実録』「地理志」の于山島を、独島（竹島）としていたからです。ですがその『世宗実録』「地理志」の于山島は、『新増東国輿地勝覧』（「蔚珍県条」）では「于山欝陵本一島」とされ、時代が下って『輿地図書』（一七五六年頃成立）になると、于山島が削除されて欝陵島だけになっています。これは地誌の研究が進んだ結果です。

さらに十九世紀になって、金正浩の『大東地志』になると、「見える」の解釈もより正確になっています。金正浩は「見える」を、「自本県天晴而登高望見則如雲気」（本県より、天晴れて、高きに登り、望み見れば則ち雲気の如し）と読み、蔚珍県から欝陵島が「見える」と解釈しているからです。

それを『独島を正しく知る』では、曖昧だった『世宗実録』「地理志」の于山島を独島のこととし、それを根拠に、「欝陵島から見えるのは独島しかない」としていたのです。これは文献批判をせずに、文献を恣意的に解釈していたことによる過ちです。文献が正確に読めていなければ、その歴史理解も誤ったものになるのです。

(3) 一六九六年、日本に渡った安龍福が鳥取藩の藩主と交渉

『独島を正しく知る』では、欝陵島と独島が韓国領になったのは、日本に渡った安龍福の活動の結果としています。しかし江戸幕府が欝陵島への渡海を禁じたのは、一六九六年一月二十八日です。安龍福が鳥取藩の赤崎に着岸したのは一六九六年六月のことです。安龍福が鳥取藩に来る前に、江戸幕府は欝陵島への渡航を禁じていたのです。

この事実は、鳥取藩の藩主と交渉して、欝陵島と独島を朝鮮領にしたという安龍福の供述には、事実とは違う部分があるということです。

それは韓国の「東北アジア歴史財団」が二〇一二年に刊行した『因幡国江朝鮮人致渡海候付豊後守様へ御伺被成候次第并御返答之趣其外始終之覚書』でも、安龍福が鳥取藩によって加露灘から追放された事実が記されていることで確認ができます。安龍福が鳥取藩の藩主と交渉して、欝陵島と独島を朝鮮領にしたという安龍福の供述には、疑わしい部分

があるのです。

江戸幕府では、鳥取藩から安龍福らの着岸の報告を受け、安龍福等を追放か対馬藩に引き渡すよう鳥取藩に指示していました。鳥取藩は幕府の指示に従って、鳥取沖の加露灘から安龍福を追放していたのです。安龍福は、鳥取藩の藩主と面談し、欝陵島と独島の領有を巡る交渉などすることもなく、放逐されていたのです。

それに安龍福は、朝鮮側での取り調べに対し、自分が日本に行ったのは、「欝陵島で漁労活動をしていた日本の漁民を追って隠岐諸島に漂着した」と証言しています。さらに安龍福は、欝陵島で遇った「日本の漁民一五名は、処罰された」とも供述しています。

これも事実ではありませんでした。江戸幕府は、欝陵島への渡海を禁じた際に、鳥取藩を通じ、大谷・村川家に与えていた「渡海免許」を回収していたからです。それに大谷・村川家は、「渡海免許」がなければ、欝陵島に渡ることができなかったのです。大谷・村川家が欝陵島に渡る際は、鳥取藩から「往来手形」を発給され、海驢猟のための鉄砲を借り受けることになっていたからです。

江戸時代の人々は、藩領から他領に出る場合、必ず「往来手形」を所持することになっていました。「往来手形」は、今日のパスポートと同じ役割をしていました。鳥取藩では一六九六年一月二十八日、幕府が欝陵島への渡海を禁ずると、大谷・村川家から「渡海免許」を回収しています。大谷・村川家の船は、欝陵島に渡ることはできなかったのです。そのため「日本の漁民十五名は処罰された」という事実もなかったのです。

安龍福はまた、朝鮮側での取り調べに対して、欝陵島で日本の漁民と遭遇して追跡し、日本に漂着したと供述しています。この安龍福の証言に対して、朝鮮政府の中にも不審に思う人々がいました。朝鮮政府の高官であった兪集一は、「漂着」というのであれば、通例では対馬藩を通じて送還される。そのため漂着した安龍福が、自力で帰還したのはおかしい、と疑っています。安龍福の証言は、『粛宗実録』だけでなく『漂人領来謄録』や『春官志』にも収録されています。この『漂人領来謄録』等に記録されているのは、備辺司で取調を受けた罪人安龍福が証言した「供述調書」の一部です。

『独島を正しく知る』では、その安龍福の供述を歴史の事実と捉え、全く疑っていないようです。しかし安龍福の「供述調書」の一部が『粛宗実録』に記載されているのは、それが歴史の事実だったからではなく、安龍福の密航事件の経緯を実録である『粛宗実録』に記録しただけのことです。『粛宗実録』の記事が事実であったのかどうかは、次の王朝が正史を編纂する時に判断することです。

そのため安龍福の「供述」を読む場合は、それを歴史の事実とする前に、他の文献によって考証する必要があるのです。事実、『漂人領来謄録』では、安龍福を越境侵犯の罪人としていますし、『粛宗実録』の他の箇所では、安龍福の供述を虚偽の証言とみて、「安龍福を殺さないと末世の奸民が海外で問題を起こす」と危惧した朝鮮の高官もいました。『粛宗実録』を読むと、当時の朝鮮では、安龍福に対する評価が二分しています。それは安龍福の証言を事実と見て、安龍福の功績と見る者と、虚偽の証言だとして、安龍福を厳罰に処すべきとする意見です。

今日、韓国で安龍福を「欝陵島と独島を朝鮮領にした」英雄と見ているのは、その一つの見方だけが伝えられているからです。

これは安龍福の供述だけでなく、日本に渡った安龍福が、日本でどのような足跡を残していたのか、日本側の文献でも確認する必要があるということです。

その日本側の文献としては、二〇〇五年に発見された『元禄九丙子年朝鮮舟着岸一巻之覚書』があります。この記録の表題に「朝鮮舟着岸」とあるように、安龍福は日本に漂着していたのではないことが分かります。その事実については、『元禄九丙子年朝鮮舟着岸一巻之覚書』でも確認ができます。安龍福の舟には「官服」、「船印旗」等が積み込まれていたからです。朝鮮側での取り調べに対して、安龍福は偶然、欝陵島で日本の漁民と遭遇し、それを追って竹島まで行き、さらに追跡している途中、大風にあって日本に漂着した、と証言しています。その安龍福は、官吏であることを示す「号牌」（身分証明書）まで偽造していました。これら「官服」、「船印旗」、偽造された「号牌」は、一般の漁民等が所持するものではなく、用意周到に準備されていたものです。安龍福には、最初から日本に密航し、官吏を僭称して、鳥取藩と交渉する意図があったということです。

しかしその試みは、隠岐の名主によって見抜かれていました。『元禄九丙子年朝鮮舟着岸一巻之覚書』によると、隠岐諸島に着岸した安龍福は、地元の名主に食料を求めるなど、その挙動には不可解なものがありました。安龍福は食料を求める理由について、朝鮮と日本の間では、漂流民を救済することになっているとして、食料を要求していたのです。名主が見ても安龍福の乗ってきた舟には、漂流してきた様子もありません。安龍福はこの時、名主に、鳥取藩の藩主に「願い」があって、渡ってきたのだと伝えていますが、それに名主は、それなら食料を準備してくるのが当然だと逆に詰問しています。すると安龍福は舟の中を案内して、窮状を訴えたというのです。そこで名主は、「前年は不作で悪米しかないがそれでもよければ」として、村中から米等を集めて安龍福に与えています。

その内、安龍福は、鳥取藩を目指して出帆し、「朝欝両島監税将臣安同知騎」、「朝鮮国安同知乗舟」といった船印を立てて、鳥取藩の赤碕に到着するのです。安龍福が供述した中で、歴史の事実に近かったのが、鳥取藩の赤碕に着岸して、安龍福が鳥取藩に移動する時のことです。鳥取藩では、朝鮮の官吏を僭称する安龍福等を「馬と駕籠」に乗せ、鳥取藩の湖山池の青島に逗留させて、幕府の指示を待っていたのです。その経緯が記されているのが、『因幡国江朝鮮人致渡海候付豊後守様へ御伺被成候次第并御返答之趣其外始終之覚書』です。そこに記されているのが、鳥取藩によって、安龍福等が加露灘から放逐されたという事実なのです。この安龍福一行を加露灘から追放した事実は、幕府の記録である『通航一覧』にも記録されています。

安龍福は鳥取藩の藩主と交渉することもなく、欝陵島と竹島を朝鮮領とすることもなかったのです。

(4) 江戸幕府は一六九五年十二月、鳥取藩に対して、欝陵島と独島について尋ねた

『独島を正しく知る』が論拠としている鳥取藩の「答弁書」は、江戸幕府が鳥取藩に対して尋ねた七つの項目について、答えたものです。江戸幕府は一六九五年十二月二十四日、

鳥取藩に対して、「竹嶋（現在の欝陵島）は、いつから鳥取藩に付属したのか、先祖が領地を拝領された以前か、その後なのか」、「竹嶋の外、鳥取藩に附属する島はあるのか」等の質問をしていました。

これに対して鳥取藩では、二十五日、「竹嶋は鳥取藩附属の島ではありません」と応えています。『独島を正しく知る』では、この「鳥取藩」の答弁を根拠として、江戸幕府は欝陵島と竹島を日本の領土ではないとした証拠としています。

ですがこの鳥取藩の「答弁書」については、「竹嶋は鳥取藩附属の島」ではないとした部分以外にも注意して解釈しなければならない箇所があります。それは「答弁書」の中の次の部分です。

「松平新太郎領国之節、御奉書を以被　仰付候旨承候」

この部分は、鳥取藩と欝陵島渡海の関係を知る上で重要です。ここで「松平新太郎領国之節」と答弁しているのは、松平新太郎（池田光政）が姫路から因幡伯耆（鳥取藩）に入封する際ということです。池田光政が姫路から鳥取に転封されることになるのは、前年の一六一七年のことです。これは池田光政の領地は、すでに一六一七年の段階で決まっていたということです。欝陵島は、最初から鳥取藩の領地には含まれていなかったのです。

鳥取藩米子の大谷・村川家が、「御奉書を以被　仰付候」として、欝陵島への渡海を許されたのは、池田光政が鳥取藩に入封する際でした。大谷・村川家では、その監査役として鳥取に来ていた阿倍四郎五郎正之に斡旋を依頼して、幕府から欝陵島への渡海を許可してもらったのです。

それにこの時の鳥取藩主は、池田光政の分家筋にあたる池田綱清でした。そこで鳥取藩としては、幕府から「領地か」と尋ねられれば、「松平新太郎が鳥取藩に入った折、（米子の大谷・村川家が欝陵島で漁労をすることを）御奉書によって許されたと聞いております」と応え、「米子の大谷・村川家が渡海魚採するので許された」とする以外に、答弁のしようがないのです。これは松島（現在の竹島）の場合も同じことでした。松平新太郎以来、鳥取藩の領地は決まっており、竹島（欝陵島）や松島は最初から藩領には含まれていなかったからです。この事実は、日本の歴史を知らなければ、理解が難しいことかもしれません。

江戸幕府では、この鳥取藩からの「答弁書」を受け、欝陵島への渡海を禁ずることになります。しかしここで注意しておかなければならないのは、鳥取藩が何故このような「答弁書」を書くことになり、江戸幕府は何故、鳥取藩に対して「質問状」を送ったのか、ということです。

江戸幕府がそのような措置をとったのは、その前に対馬藩から「欝陵島（竹嶋）には朝鮮人も渡るようになり、日本側との争いも起こる。おまけに禁止されている交易がなされてしまう」。ついては難しいが「竹嶋を相捨てて朝鮮と双方で渡海を禁じてはどうか」とする打診があったからです。対馬藩では、大谷家の船頭等が欝陵島から安龍福と朴於屯を連れ帰って以来、幕府の命に従って、朝鮮政府と欝陵島の帰属を巡る交渉に臨んでいました。その対馬藩が、欝陵島を巡る争いをやめるよう江戸幕府に申し出たのです。幕府ではこれを受けて、鳥取藩に「欝陵島は鳥取藩の領地なのか、確認」のための質問状を送ったのです。

ことの発端は、幕府の命を受けた対馬藩が、鳥取藩の大谷家の船頭等が連れ帰った安龍福と朴於屯を朝鮮側に送還して、朝鮮の漁民らが欝陵島に来ないよう朝鮮政府に要求したことにあります。ですが交渉を進める内、竹島が朝鮮の欝陵島であることが判明して、対馬藩としては苦しい立場にありました。対馬藩の内部でも意見が分かれ、竹島（欝陵島）

を朝鮮領とする人々もいました。その交渉の最中、対馬藩の藩主が死去したこともあり、対馬藩では交渉の中断を江戸幕府に願い出ることになったのです。

幕府はその対馬藩の要請を受け、確認のために鳥取藩に送ったのが「質問状」です。それに応えたのが鳥取藩の「答弁書」でした。幕府は鳥取藩の答弁書を受け、翌年一月二十八日に、渡海禁止を鳥取藩に伝えたのです。

『独島を正しく知る』では、鳥取藩の「答弁書」を日本が欝陵島と竹島を朝鮮領にした文献と見ていますが、それは「答弁書」の中の「鳥取藩の領地でない」とした部分だけで解釈したからです。

しかし鳥取藩の「答弁書」が書かれることになったのは、対馬藩が幕府に対して欝陵島が朝鮮領であることを伝えて、朝鮮との欝陵島交渉の中断を求めたからです。そこで幕府は、確認のため、鳥取藩に「七か条の質問」を送り、それに応えたのが鳥取藩の「答弁書」なのです。一六九六年一月二十八日の「渡海禁止」は、こうして決定されたのです。江戸幕府による欝陵島への「渡海禁止」措置は、鳥取藩に密航してきた安龍福の事件とは、全く関係がなかったのです。

(5) 独島は朝鮮の領土だと認めた文献、一六六七年に書かれた『隠州視聴合紀』

『独島を正しく知る』では、齋藤豊仙の『隠州視聴合紀』を欝陵島と独島を韓国領とした日本の文献としています。そこには次のように記されています。

『隠州視聴合紀』は独島関連の記録が在る日本の最初の本です。ここには「日本の西北の境界を隠岐島とする」として、独島を日本の領土としてみていません。この本は、独島を松島としている。

これは『隠州視聴合紀』の「国代記」に、「日本之乾地、以此州為限矣」(日本の西北の地は、此州をもって限りとする)とした一文があるため、この「此州」を、隠州(隠岐島)と解釈しているからです。そこで『隠州視聴合紀』は、隠岐島を日本の西北の限り(境界)としているので、欝陵島と独島は朝鮮領としていたというのです。

しかし著者の齋藤豊仙は、「此州」を日本の西北の限りとした理由について、次のように記しているのです。

「西と北の間は、二日と一夜行くと松島があり、また一日程に竹島がある。そしてこの二島は無人の地で、高麗が見えるのは、ちょうど出雲から隠岐を望むようだ。であるから日本の西北の地は、此州を限りとする」

ここで齋藤豊仙が、「此州」としている「州」には、国の意味だけでなく島の意味もあるのです。漢文では、「州」を「島」の意味で使うことがあるからです。『日本書紀』の「神代巻」でも隠岐島を「億伎洲」と表記していますが、この洲は州と同じで、島の意味で使われています。

それにこの「国代記」で重要なことは、齋藤豊仙が「此州」を日本の西北の限り（境界）とした根拠です。齋藤豊仙が「日本の西北の地は、此州を限りとする」条件としたのは、「高麗（朝鮮）が見える」ことでした。

それにこの「西と北の間は」以下の文章には、隠岐島について述べた部分がないのです。それがなぜ、「此州」を隠岐島だとするのでしょうか。『独島を正しく知る』では、その根拠を示していないのです。

そこでもう一度、此州を「日本の西北の地」の限り（境界）とする条件となった「高麗

（朝鮮）が見える」島について、竹島（欝陵島）、松島（竹島）、隠岐島の中で確認してみると、朝鮮半島が見える可能性のある島は欝陵島だけです。

齋藤豊仙が、『隠州視聴合紀』の「国代記」で、「此州をもって限りとする」とした条件は、朝鮮半島が見えることでした。その条件に合致しているのは、欝陵島だけなのです。それを隠岐島としてしまうのは、少しおかしな解釈だとは思いませんか。

それに齋藤豊仙が欝陵島を「日本の西北の地は、此州をもって限り」として、欝陵島を日本領としていたのには、理由があってのことでした。『隠州視聴合紀』の本文を読めば明らかですが、齋藤豊仙は、鳥取藩米子の大谷・村川家が幕府から「渡海免許」を得て、礒竹島（欝陵島）で漁労活動をしていたことを知っていたからです。その事実は、『隠州視聴合紀』の「穏地郡」（「南方村条」礒竹島に渡る者）と「知夫郡焼火山縁起」（自官賜朱印、致大船於礒竹島）で確認ができます。齋藤豊仙が欝陵島を「日本の西北の地」としたのは、欝陵島を日本の領土と考えていたからです。

その齋藤豊仙が、隠岐諸島を「日本の西北の地は、此州をもって限り」として、欝陵島と竹島を朝鮮領とすることはありえないことです。それは『隠州視聴合紀』（「国代記」）にある「高麗が見えるのは、ちょうど出雲から隠岐を望むようだ」が、後に述べるように長久保赤水の『改正日本輿地路程全図』にも引用され、欝陵島を日本領とする論拠として使われていることからも明らかです。

『独島を正しく知る』で、「此州」を隠岐諸島と解釈していたのは、「国代記」の文章が読めていなかったからです。

では齋藤豊仙は、どのような目的で「国代記」を書き、「日本之乾地、以此州為限矣（日本の西北の地は、此州を限りとする）」と記述したのでしょうか。

「国代記」は『隠州視聴合紀』の巻頭部分にあって、隠州（隠岐国）の位置を地理的に説明し、その後に隠岐国の歴史が書かれています。その際、齋藤豊仙は、隠岐島の西郷を基点として、東西南北を放射線状に延長し、辿りつく日本の地域を示しています。齋藤豊仙としては、周辺地域との位置関係を明らかにして、隠岐島の位置を正確に伝えようとしていたのです。そこには次のような文章によって、隠岐島の地理的位置が説明されています。

「その国府は、周吉郡南岸西郷豊崎なり。これより南、雲州美穂関に至るには三十五里。辰巳（南東）、伯州赤崎浦に至るには四十里。未申（南西）、石州温泉津に至るには五十八里。子（北）より卯（東）に至るまで、往くことのできる地は無い。戌亥（北と西）の間、行くこと二日一夜に松島（現在の竹島）がある。また一日の距離に竹島（現在の欝陵島）〔俗に磯竹島と言う。竹・魚・海鹿多し〕がある。この二島は、無人の地で、高麗が見られることは、雲州から隠岐を望み見るようである。そうであるから日本の乾（北西）の地は、此州を以って限りとする」。

これが隠岐島と周辺の地域との地理的な関係を記した部分です。この中で、問題になっているのが、「日本の乾（北西）の地は、此州を以って限りとする」とした箇所です。ここで日本の北西の地として、「此州を以って限りとする」とする条件は、「高麗を見ることができるのは、雲州から隠岐を望み見るよう」に、朝鮮が見えることとです。

そして隠岐島を基点として、朝鮮が見える位置にあるのが、「西と北の間は、二日と一夜行くと松島があり、また一日の距離に竹島がある」とした竹島（欝陵島）です。齋藤豊仙による「国代記」の地理的説明が南からはじまり、「高麗が出雲から隠岐を望めるように、見える」ので、「日本の乾（北西）の地は、此州を以って限りとする」とした一文で記述を終えている理由もここにあります。

この時、「此州」を西北の「限り」としている基点は、隠岐島の西郷豊崎です。この事実は、基点である隠岐島を西北の「限り」とすることはできないということです。

もし『独島を正しく知る』のように、隠岐島を「此州」とするのであれば、隠岐島を「西北の地」とする基点は、隠岐島以外の地に求めなければならないことになります。しかし齋藤豊仙が基点としていたのは、隠岐島の西郷豊崎です。『隠州視聴合紀』（『国代記』）の「此州」を、隠州（隠岐島）と解釈した『独島を正しく知る』は、間違った解釈をしていたのです。

この『隠州視聴合紀』（『国代記』）の「日本の乾の地、此州を以って限りとなす」の「此州」について、正確に欝陵島と読んでいたのが長久保赤水です。長久保赤水の『改正日本輿地路程全図』では、『隠州視聴合紀』（『国代記』）の「見高麗如自雲州望隠岐」に依拠して、欝陵島の近くに「見高麗猶雲州望隠州」と注記し、欝陵島を日本領とする論拠としているのです。

では長久保赤水は、何故、齋藤豊仙の『隠州視聴合紀』（『国代記』）から、「高麗が出雲から隠岐を望めるように、見える」を引用したのでしょうか。

次に、その長久保赤水の『改正日本輿地路程全図』が、欝陵島を日本領と見ていた事実について述べることにします。

(6) 長久保赤水の『改正日本輿地路程全図』は朝鮮の領土としている

『独島を正しく知る』では、長久保赤水の『改正日本輿地路程全図』について、欝陵島を韓国領としている日本の古地図と見ています。その理由として高校生用の『独島を正しく知る』では、次のように説明しています。

十八~十九世紀、日本の代表的地図である『改正日本輿地路程全図』(一七七九年)は、当時の日本の領土認識を正確に示している。地図には彩色された日本の領土とは違って、朝鮮の本土とともに竹島(欝陵島)と松島(独島)を彩色していない。これは二つの島が朝鮮の領土であることを示している。

このように、竹島(欝陵島)と松島(独島)に彩色がなされていないことを理由に、長久保赤水の『改正日本輿地路程全図』では、竹島(欝陵島)と松島(独島)を朝鮮の領土としていた証拠にされていたのです。

ですが『改正日本輿地路程全図』で重要なことは、彩色の有無や、彩色の違いではないのです。長久保赤水が『改正日本輿地路程全図』を作成する際に、齋藤豊仙の『隠州視聴合紀』を参考に、作図していた事実が重要なのです。

それも『隠州視聴合紀』に依拠して、「見高麗猶雲州望隠州」（高麗を見ることは猶雲州より隠州を望むようだ）の一文を竹島（鬱陵島）近くに表記していたのは、長久保赤水も竹島を日本領と認識していたからです。その事実については、水戸藩が編纂した『大日本史』の「地理志」で、確認ができるのです。

水戸藩の藩士であった長久保赤水は、『大日本史』の編纂に参画していました。その『大日本史』の編纂事業で、長久保赤水が担当したのが「地理志」です。その「地理志」の「隠岐国条」には、「竹島」に対する長久保赤水の見解が述べられているのです。それは次の一文です。

「すでに竹島と曰ひ、松島と曰ふ。我が版図たること、智者を待たずして知れるなり」（すでに竹島といい、松島といっている。我が領土であることは、智者を待つまでもなく知れることだ）

『大日本史』の「地理志」の編纂に従事し、『改正日本輿地路程全図』を作成した長久保赤水は、齋藤豊仙の『隠州視聴合紀』（「国代記」）に基づいて、竹島と松島の二島を「我が版図（領土）」としていたのです。

その長久保赤水が『改正日本輿地路程全図』の竹島（欝陵島）近くに「見高麗猶雲州望隠州」【写真②】と注記したのは、『隠州視聴合紀』から「見高麗、如自雲州望隠岐」（高麗を見ること、雲州より隠岐を望むが如し）を引用して、竹島（欝陵島）が日本領であることを示していたのです。

それはまた、竹島（欝陵島）を「我が版図」とする長久保赤水が、『改正日本輿地路程全図』に、『隠州視聴合紀』の「見高麗、如自雲州望隠岐」を「見高麗猶雲州望隠州」として引用したのは、齋藤豊仙が「此州を以って限りとする」とした此州が、欝陵島だったからです。

齋藤豊仙が竹島（欝陵島）を「日本の乾（北西）の地は、此州を以って限りとする」とし、長久保赤水が、『改

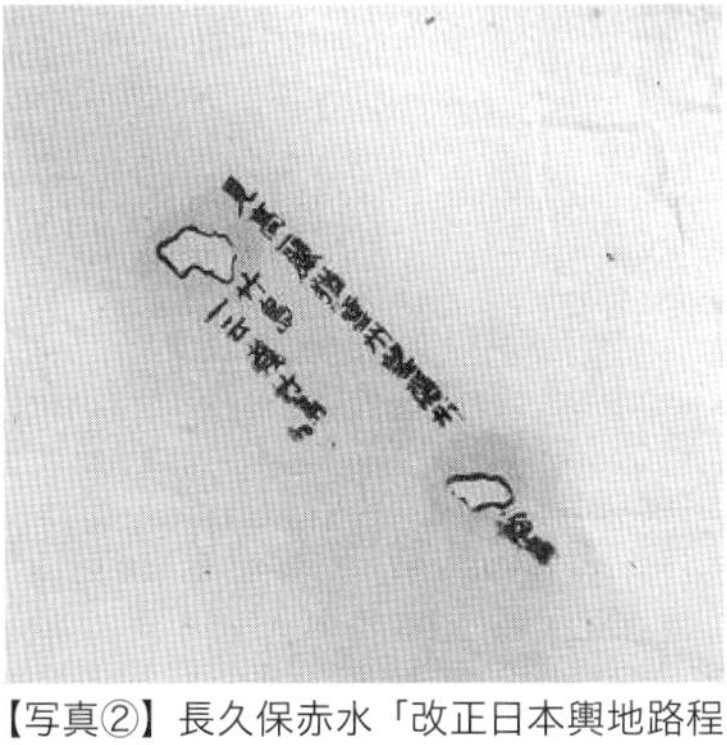

【写真②】長久保赤水「改正日本輿地路程全図」部分

正日本輿地路程全図』に描いた竹島に、「見高麗猶雲州望隠州」と注記したのは、いずれも竹島（欝陵島）を「我が版図」と見ていたからです。『独島を正しく知る』のように、『改正日本輿地路程全図』の竹島に彩色がなされていないという理由だけでは、長久保赤水が、竹島（欝陵島）と松島（竹島）を日本領としていなかった証拠にはならないのです。

（7）一七八五年、林子平は『三国通覧輿地路程全図』を描いて、「朝鮮ノ持也」

日韓の間に竹島問題が浮上すると、決まって韓国のマスコミを賑わすのが林子平の『三国通覧輿地路程全図』（一七八五年）です。『三国通覧輿地路程全図』【写真③】に描かれた竹嶋（欝陵島）に、「朝鮮ノ持也」（朝鮮のものだ）とした注記があるのが理由です。そのため欝陵島が、近世には竹島と呼称されていた事実を知らない研究者の中には、その竹嶋を現在の竹島と錯覚して、林子平は「竹島を朝鮮領としている」と主張する人もいました。

それがその竹嶋が欝陵島であったことが分か

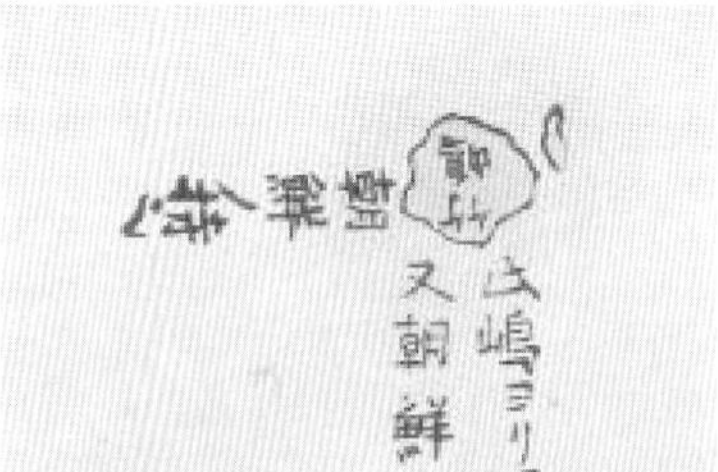

【写真③】林子平「三国通覧輿地路程全図」部分

ると、今度は欝陵島の右上に描かれた小島を、現在の竹島とすることになったのです。

ですが林子平の『三国通覧輿地路程全図』を読図する際には、注意が必要なのです。その竹島の近くには、「此ノ嶋ヨリ隠州ヲ望／又朝鮮ヲモ見ル」とした注記があるからです。これは『三国通覧輿地路程全図』の注記が、齋藤豊仙が『隠州視聴合紀』に記した「見高麗、如自雲州望隠岐」の文言を参考にしていたことを意味するからです。

しかし林子平は、竹島（欝陵島）を朝鮮領と認識していました。それで林子平は、竹島（欝陵島）を「朝鮮ノ持也」としたのです。林子平は何故、竹島（欝陵島）を「朝鮮ノ持也」とし、その竹島の右上に小島を描いていたのでしょうか。これは『三国通覧輿地路程全図』がどのようにして作図され、欝陵島の右上に小島が描かれたのか、明かにする必要があるということです。

林子平はその『三国通覧輿地路程全図』の作図方法について、「今新たに本邦を中にして朝鮮、琉球、蝦夷及び小笠原嶋等の図を」繋いだ、と『三国通覧図説』で述べています。林子平が「今新たに本邦を中にして」というのは、長久保赤水の『改正日本輿地路程全図』を指しています。林子平は『改正日本輿地路程全図』を真ん中に置き、そこに『三国通覧図説』に収録されている『朝鮮国之図』（「朝鮮八道之図」）、『琉球国之図』、『蝦夷国之図』、

『無人島之図』等の地図を繋ぎ合わせ、『三国通覧輿地路程全図』を作図していたということです。

そのため『改正日本輿地路程全図』に引用されていた『隠州視聴合紀』の「見高麗猶雲州望隠州」は、『三国通覧輿地路程全図』でも「此ノ嶋ヨリ隠州ヲ望ノ又朝鮮ヲモ見ル」として、踏襲されたのです。

しかし林子平は、『三国通覧輿地路程全図』を作図する際、『改正日本輿地路程全図』とは異なる見解を示していました。長久保赤水が「我が版図」とした竹島（欝陵島）に、「朝鮮ノ持也」としたからです。この竹島（欝陵島）を「朝鮮ノ持也」とする考え方は、『三国通覧輿地路程全図』（一七八五年）の底本となる『日本遠近外国之図』（一七八二年）の段階でも示されていました。『日本遠近外国之図』【写真④】では、「竹シマ」と表記された竹島（欝陵島）に、「朝鮮ノ持」の注記が付いているからです。

これは林子平が『日本遠近外国之図』を作図する以前から、長崎を訪れていたことと関係しています。林子平は、長崎の地で各種の地図を蒐集し、その中には

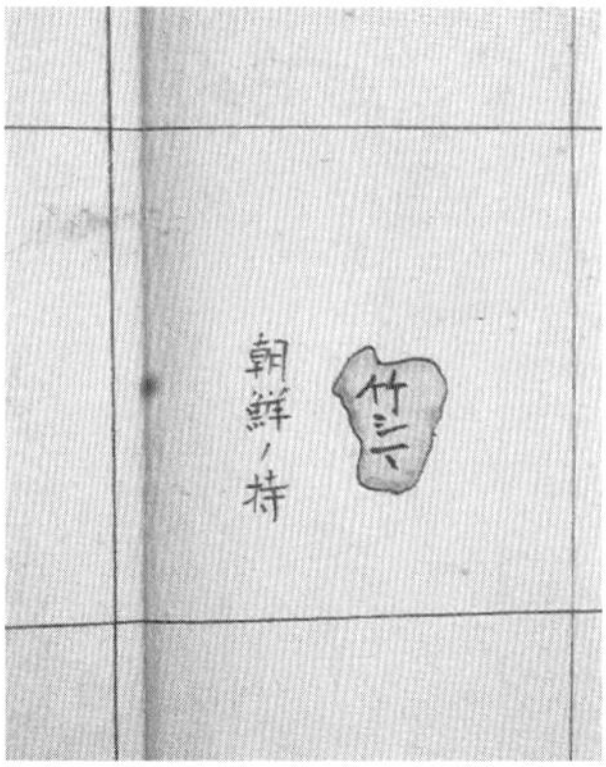

【写真④】林子平「日本遠近外国之図」部分

対馬藩の通詞が伝えた『朝鮮国之図』（「朝鮮八道之図」）があったとしています。林子平はその過程で、竹島（欝陵島）が朝鮮領とされた事件を知ったのでしょう。『日本遠近外国之図』では竹島（欝陵島）を「朝鮮ノ持」とし、『三国通覧輿地路程全図』では「朝鮮ノ持也」とするのはそのためです。

　ですが林子平の『三国通覧輿地路程全図』には、長久保赤水の『改正日本輿地路程全図』には描かれていた松島（現在の竹島）が、描かれていないのです。それも松島（現在の竹島）が描かれてないのは、『日本遠近外国之図』も同様でした。

　それが三年後の『三国通覧輿地路程全図』になると、新たに「此ノ嶋ヨリ隠州ヲ望／又朝鮮ヲモ見ル」が付け加えられ、さらに林子平が「崎陽人楢林氏秘蔵の珍図」を入手したことで、もう一つの変化が起

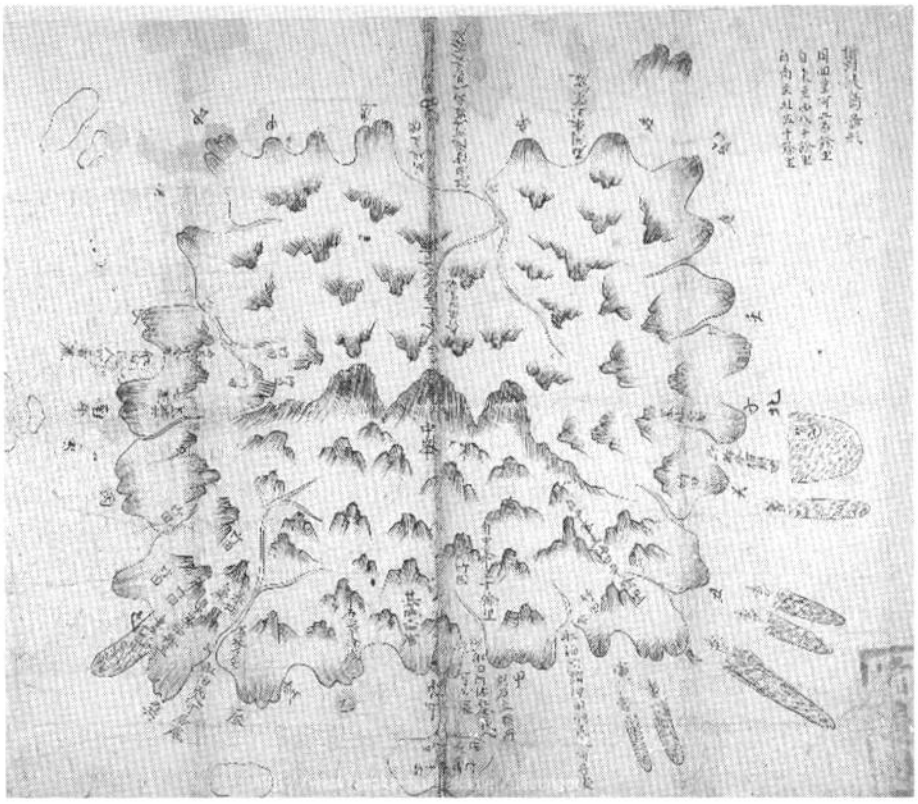

【写真⑤】朴錫昌『欝陵島図形』（1711年）

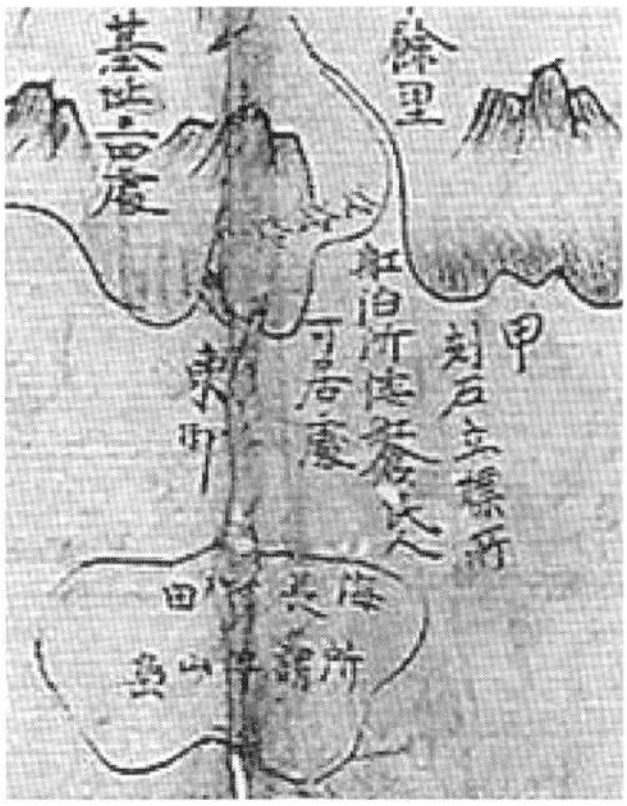

『欝陵島図形』（「海長竹田／所謂于山島」部分）

こっていました。竹島（欝陵島）の右上に、小さな島が一つ描かれたことです。

十八世紀の後半になると、朝鮮では欝陵島の地理的認識が現在の形に近いものとなりました。捜討使の朴錫昌が描かせた『欝陵島図形』（一七一一年）が登場して、欝陵島の東約二kmにある竹嶼が「所謂于山島」【写真⑤】と表記され、それが後世の欝陵島地図【写真⑥】に所謂于山島として踏襲されることになったのです。その朴錫昌の『欝陵島図形』で確立した欝陵島像は、鄭尚驥の『東国大地図』【写真⑦】にも採用され、欝陵島の右側には小さな于山島が描かれることになりました。

ですが『独島を正しく知る』では、朴錫昌の『欝陵島図形』については何も説明していないのです。このため林子平の『三国通覧輿地路程全図』に欝陵島が描かれ、その右上に小島があると、その小さな于山島を独島と解釈して、日本の古地図では独島を韓国領としている、と主張することになるのです。

『独島を正しく知る』等が、朴錫昌の『欝

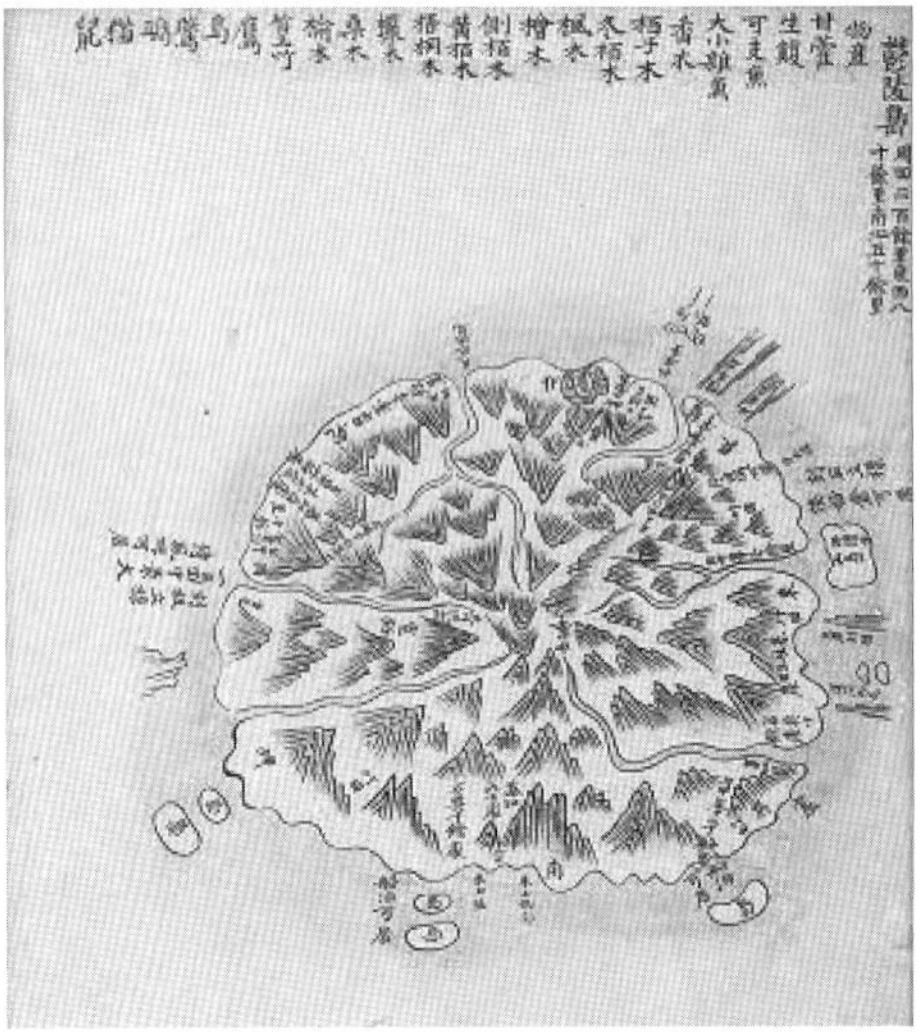

【写真⑥】『海東地図』「欝陵島」

陵島図形』に触れないのは、鄭尚驥の『東国大地図』に描かれた于山島が独島でないことが分かってしまうからでしょうか。鄭尚驥が『東国大地図』に描いた于山島が、朴錫昌の『欝陵島図形』の竹嶼であった事実を知れば、その于山島が独島ではなくなってしまうことが問題なのです。そのため韓国側の独島研究では、朴錫昌の『欝陵島図形』に触れてこなかったのです。『独島を正しく知る』で学ぶ子ども達は、鄭尚驥の『東国大地図』に描かれた于山島（竹嶼）を独島と思いこみ、日本の子ども達に手紙を送っているのです。

　では林子平の『三国通覧輿地路程全図』に描かれた欝陵島の右上に、小さな島が一つあるのは何故なのでしょうか。そのヒントとなるのが、『三国通覧図説』の中で、林子平が「崎陽人楢林氏秘蔵の珍図」

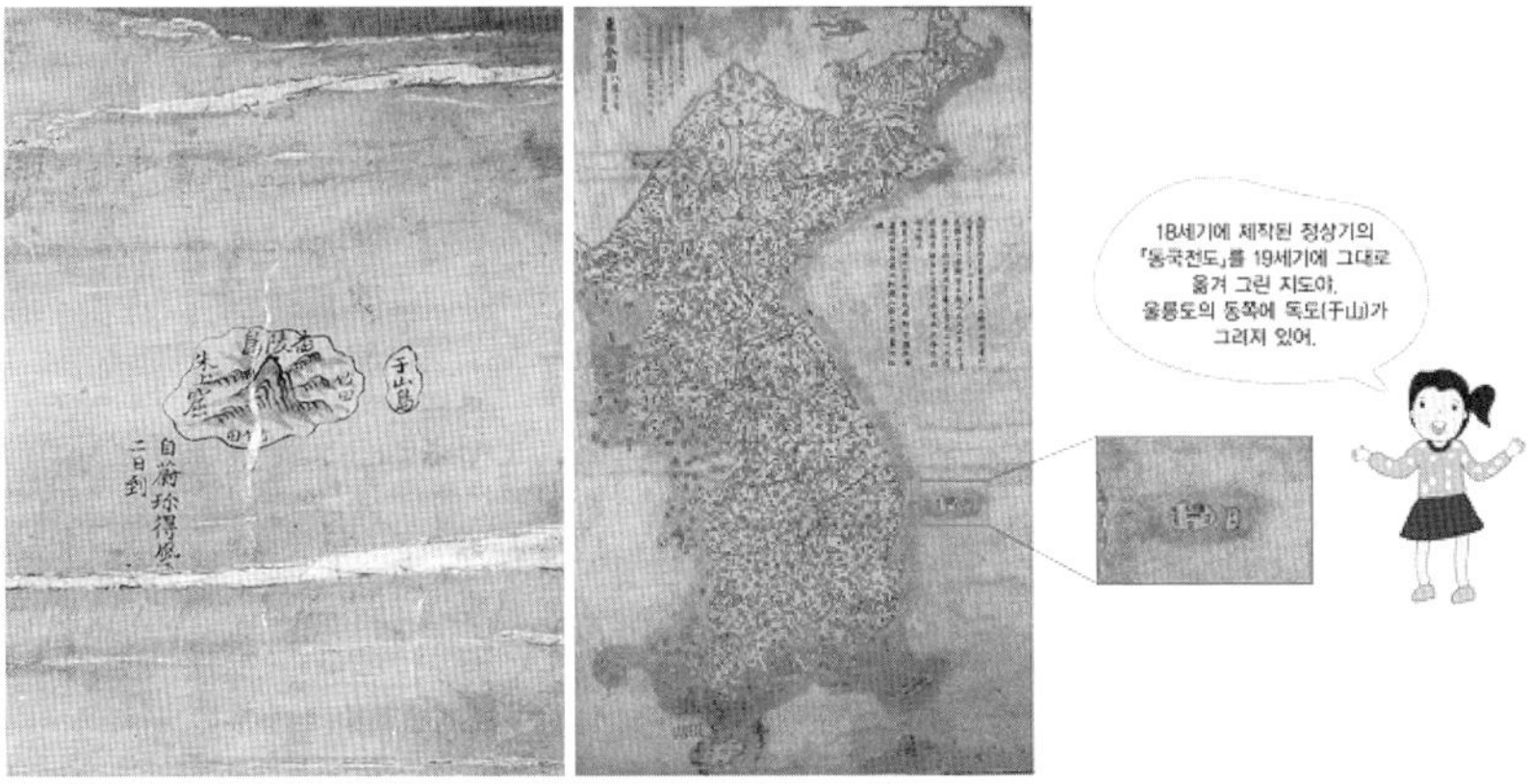

【写真⑦】鄭尚驥「東国大地図」と（拡大部分）
『独島を正しく知る』では、鄭尚驥「東国大地図」の于山島を独島としている

としている「珍図」の存在です。この「珍図」は、朴錫昌の『欝陵島図形』系統の「欝陵島地図」【写真⑧】と推測することができるからです。その理由は、林子平が『日本遠近外国之図』で使用した地図について、朝鮮の「全図ハ対州大象胥ノ伝ル所也」として、対馬藩の通詞が伝えた全図を基にして、朝鮮半島を描いたとしているからです。そのため『日本遠近外国之図』には、二つの欝陵島が描かれています。

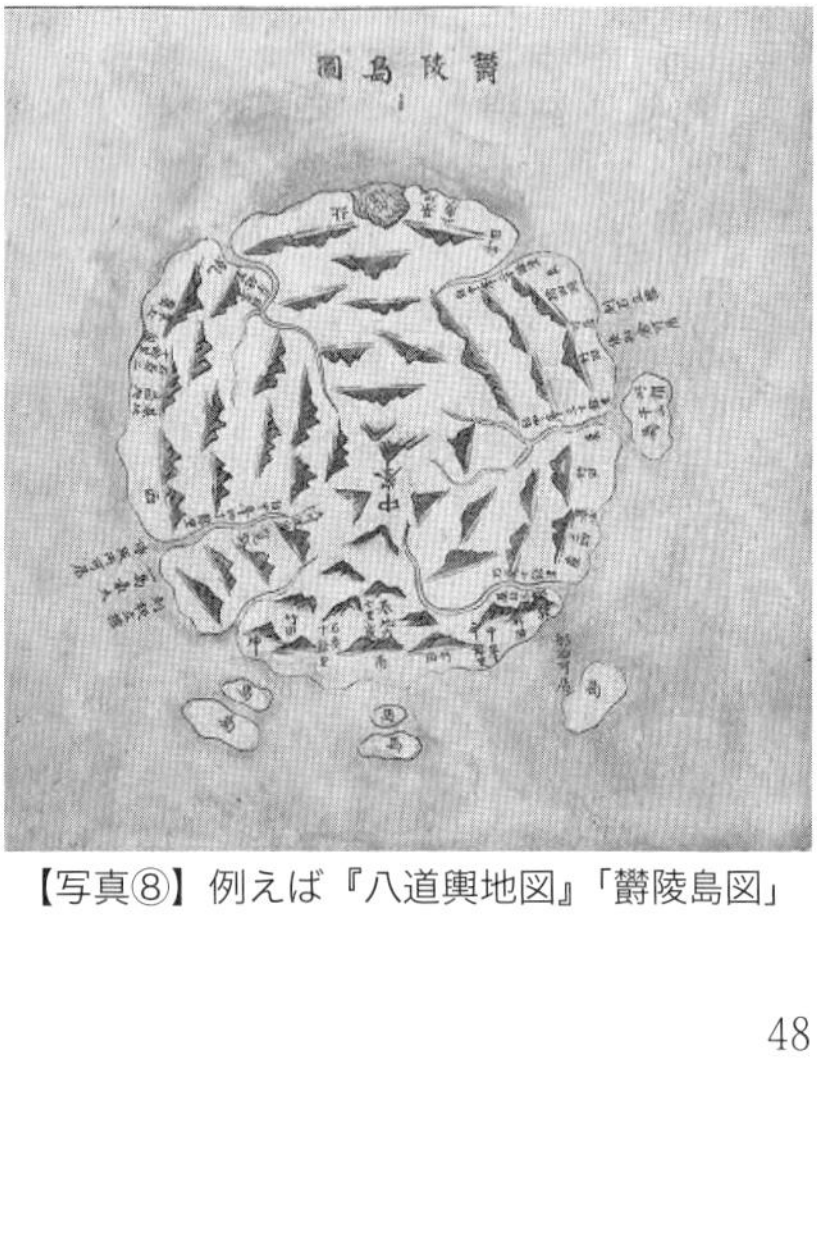

【写真⑧】例えば『八道輿地図』「欝陵島図」

一つは『三国通覧図説』の「朝鮮国之図」に由来する欝陵島で、もう一つが「竹シマ」として描かれた『改正日本輿地路程全図』の竹島（欝陵島）です。それが『三国通覧輿地路程全図』では、新たに「崎陽人楢林氏秘蔵の珍図」が使われています。その『日本遠近外国之図』（一七八一年）から『三国通覧輿地路程全図』（一七八五年）になる過程で、変化があったのは、欝陵島の右上に小島が一つ描かれたことです。これは「崎陽人楢林氏秘蔵の珍図」が関わっていると見てよいでしょう。そして事実、欝陵島の右側に小島が描かれているのは、朴錫昌の『欝陵島図形』系統の欝陵島地図です。『三国通覧輿地路程全図』

で、欝陵島の右上に小島が描かれたのは、「崎陽人楢林氏秘蔵の珍図」がその朴錫昌の『欝陵島図形』系統の欝陵島地図だといえるからです。

これは『三国通覧輿地路程全図』に描かれた欝陵島の右側（または右上）に描かれた小島は、独島ではないということです。それは長久保赤水の『改正日本輿地路程全図』を中央にして作図された『三国通覧輿地路程全図』と『日本遠近外国之図』（一七八二年）では、最初から松島（現在の竹島）が描かれていなかったからです。

長久保赤水は、齋藤豊仙の『隠州視聴合紀』（『国代記』）の記述に従って、『改正日本輿地路程全図』に竹島と松島を描いていました。『隠州視聴合紀』（『国代記』）に、「西と北の間は、二日と一夜行くと松島があり、また一日程に竹島がある」と記されていることから、その記述に従い、隠岐島の西北方面に松島と竹島の間隔を空けて描いています。【写真②】

しかし林子平の『三国通覧輿地路程全図』には、松島（独島）が描かれていませんでした。その代わり林子平は、欝陵島の近くに「朝鮮ノ持也」と注記しています。これは現在の竹島を「朝鮮ノ持也」としたからではありません。『三国通覧輿地路程全図』に描かれた欝陵島の右上にある小島は、朴錫昌が『欝陵島図形』に描いた「所謂于山島」が基になっているからです。

それを『独島を正しく知る』では、林子平の『三国通覧輿地路程全図』に「朝鮮ノ持也」とした注記があるので、それを根拠に、竹島を朝鮮領とした日本の古地図としています。ですがその竹島は欝陵島のことで、その右上に描かれた小島は、朴錫昌の『欝陵島図形』で「所謂于山島」とされた竹嶼でした。林子平が「朝鮮ノ持也」としたのは、『欝陵島図形』の中の欝陵島だったのです。

(8) 一八七七年、「竹島外一島本邦関係無之」と「磯竹島略図」

『独島を正しく知る』では、一八七七年、「伺之趣竹島外一島之儀本邦関係無之儀ト可相心得事」(伺いを受けた竹島と外一島の件は、本邦とは関係がないと心得よ) とした太政官指令を根拠に、日本政府は「独島を朝鮮の領土と認めた」としています。

しかしここで、「竹島外一島」の一島を独島としたとしている証拠は、島根県が提出した「日本海内竹島外一島地籍編纂方伺」と『礒竹島略図』だけです。確かにその二つを文献批判もせずに解釈すれば、「竹島外一島之儀本邦関係無之」の「竹島外一島」は、『礒竹島略図』に描かれた礒竹島(欝陵島)と松島(現在の竹島)のこととなってしまいます。

ですが太政官が「竹島外一島」と認識した島嶼と『磯竹島略図』に描かれた島嶼が同じだったのか、文献批判をして論証する必要があります。なぜなら竹島が新島として島根県に編入される際、その新島を竹島と命名することになった背景には、次のような事実があったからです。隠岐島司の東文輔は、次のように述べています。

欝陵島ヲ竹島ト通称スルモ、其実ハ松島ニシテ、海図ニ依ルモ瞭然タル次第ニ有之候。左スレハ此新島ヲ措テ他ニ竹島ニ該当スヘキモノ無之。依テ従来誤称シタル名称ヲ転用シ、竹島ノ通称ヲ新島ニ冠セシメ候方可然ト存候

隠岐島司の東文輔は、新島には本来の松島の名を冠すべきだが、すでに海図等では欝陵島が「松島」と表記されている。新たに編入される島には、近世以来、欝陵島の呼称であった竹島を使うべきだ、としたのです。

隠岐島司の東文輔によると、本来、竹島は欝陵島の通称だったが、海図などでは欝陵島が松島と表記されているというのです。事実、東文輔が「欝陵島ヲ竹島ト通称スルモ、其実ハ松島」だと述べているように、シーボルトが一八四〇年に作成した『日本全図』では、

アルゴノート島を竹島とし、ダジュレート島を松島としたことから、後の海図や地図では、欝陵島を松島と表記することになったのです。

日本に滞在していたシーボルトは、帰国に際して日本の地図なども持ち出しています。シーボルトはそれらを基に『日本全図』【写真⑨】を作成したのですが、松島の位置を「北緯三七度二五分・東経一三〇度五六分」としています。この経緯度に該当するのは、現在の欝陵島です。松島は、「東経一三一度五五分」に位置する現在の竹島ではなかったのです。またシーボルトの『日本全図』に竹島と表記されたアルゴノート島の緯度と経度は、「北緯三七度五二分・東経一二九度二〇分」とされていますが、この場所には島嶼が存在していないのです。シーボルトは、誤って欝陵島に松島と表記していた

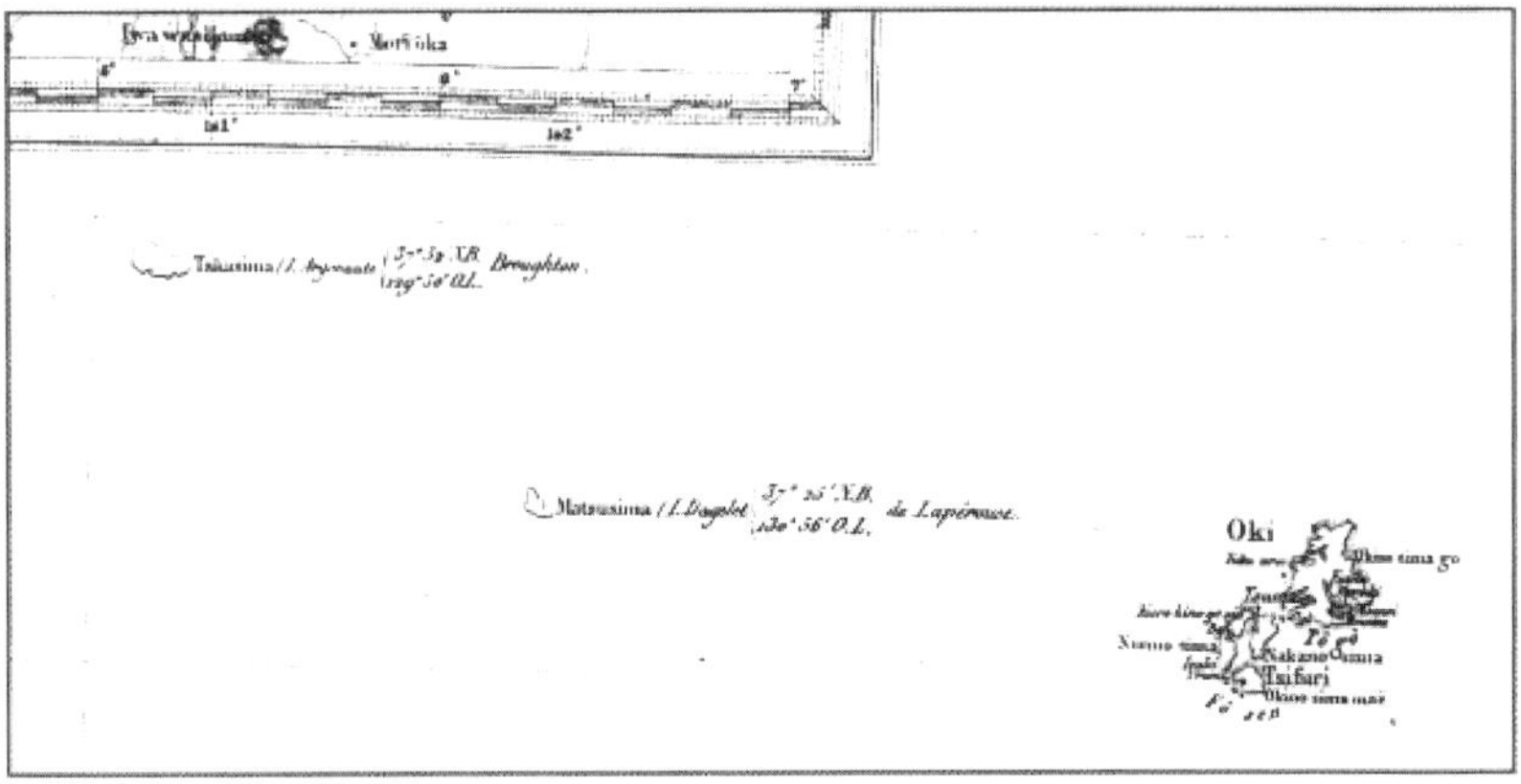

【写真⑨】シーボルトの『日本全図』（部分）、1840年
松島の緯度（北緯37度25分）と経度（東経130度56分）は、欝陵島の緯度と経度

のです。

この事実は、太政官が西洋伝来の地図や海図を基準に、「竹島外一島」の竹島と松島を判断していたとすれば、『磯竹島略図』に描かれた竹島（欝陵島）と松島（現在の竹島）とは、当然、同じではなかったことになります。

シーボルトが竹島としたアルゴノート島は、一八六三年の英国海軍の海図では破線で描かれ、「ＰＤ」とした表記がついています。この「ＰＤ」（Position Doubtful）は所在不明という意味です。シーボルトの『日本全図』から始まった竹島と松島は、島根県が提出した「日本海内竹島外一島地籍編纂方伺」と『礒竹島略図』とは違っていたのです。シーボルトが竹島としたアルゴノート島は、太政官指令が出される前年、一八七六年版の英国海軍の海図では抹消され、松島（欝陵島）とリアンクール岩（現在の竹島）が描かれています。

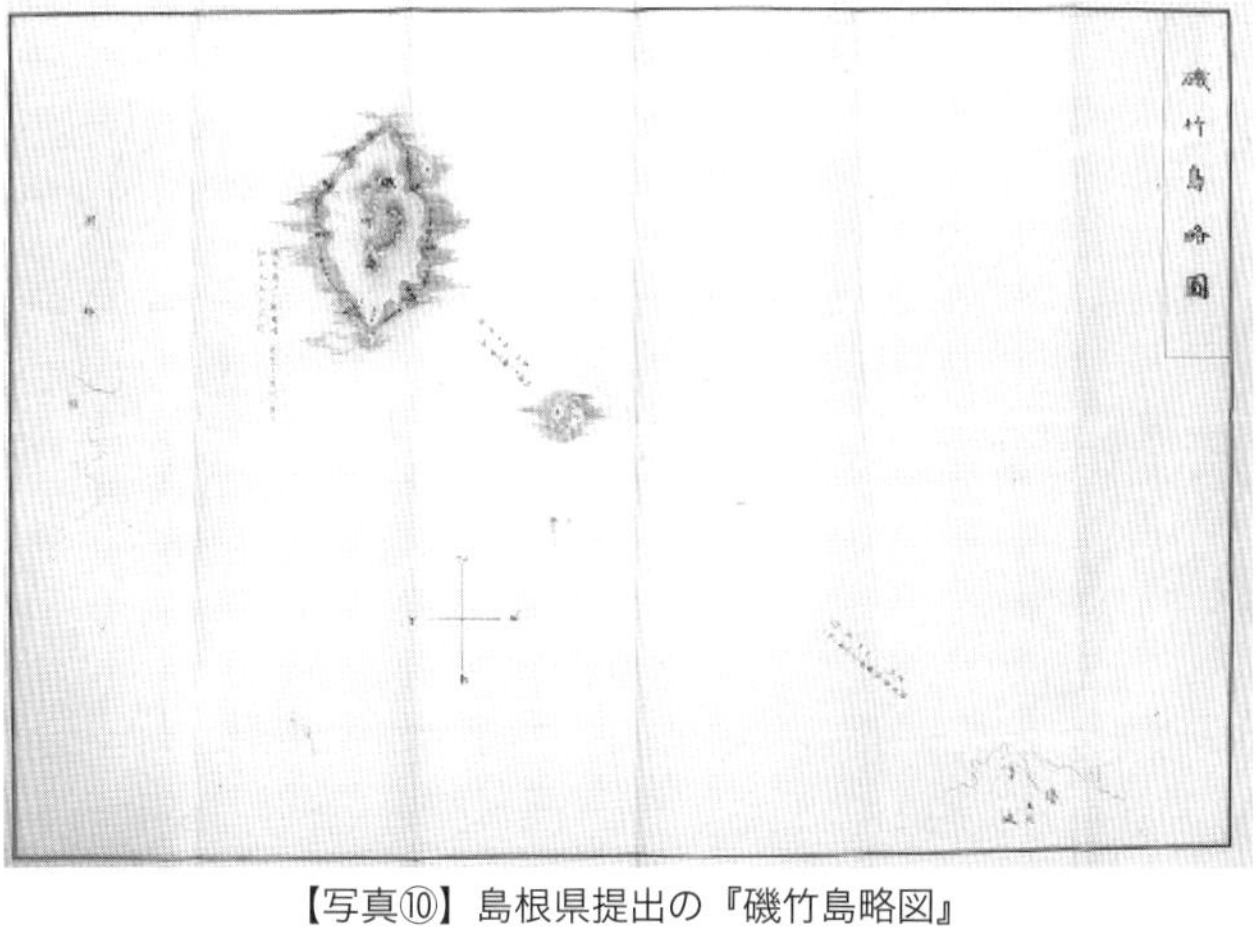

【写真⑩】島根県提出の『磯竹島略図』

太政官指令で「竹島外一島本邦関係これ無し」とした頃は、アルゴノート島（竹島）が海図や地図から抹消される過渡期にあたっていたことになります。

この事実は、太政官指令で「竹島外一島本邦関係これ無し」とした「竹島外一島」の外一島を、島根県が提出した「日本海内竹島外一島地籍編纂方伺」と『礒竹島略図』だけでは判断ができない、ということなのです。

『独島を正しく知る』では、太政官を「明治維新初期の最高行政機関」としていますが、当時、太政官は海図及び地図に描かれた松島が、鬱陵島であった事実については、確認を怠ったようです。

「太政官指令」が下される前年（一八七六年）の三月、海軍省水路局製図課長心得の大後秀勝が製図した『大日本海陸全図聯接朝鮮全国並樺太』（以下、『大日本海陸全図』）【写真⑪】が刊行されています。そこには松島（鬱陵島）と、現在の竹島がロシアの海図に従って「ヲリウツ瀬」「メ子ライ瀬」と描かれています。海外の海図等では、竹島（独島）は「ヲリウツ瀬」「メ子

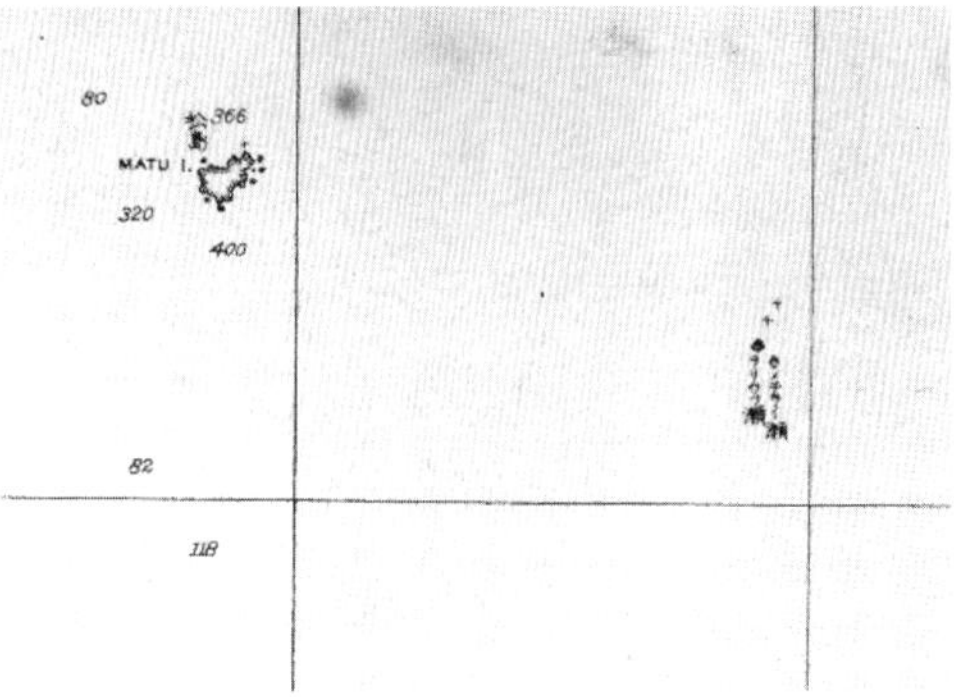

【写真⑪】大後秀勝『大日本海陸全図聯接朝鮮全国並樺太』（部分）、1876年
松島は鬱陵島、竹島には「ヲリウツ瀬」、「メ子ライ瀬」と表記

ライ瀬」または「リアンクール岩」などと表記されていたからです。

この『大日本海陸全図』が完成したのは一八七五年、刊行されたのは太政官が「竹島外一島之儀本邦関係無之儀ト可相心得事」と指令する前年でした。

『独島を正しく知る』では、その太政官指令について、内務省が「独島関係の資料を五ヶ月にわたって調査・検討した後、二つの島は日本の領土ではないと結論を下した」としていますが、それは恣意的な解釈です。太政官指令が下される一年前、すでに『大日本海陸全図』が刊行され、確認しようとすれば、「竹島外一島」の外一島（松島）が、現在の竹島でなかったことは確認することができたからです。それを太政官では、島根県が提出した「日本海内竹島外一島地籍編纂方伺」と『礒竹島略図』を検討して、「竹島外一島本邦関係これ無し」と指令していたのです。

しかし松島が欝陵島であった事実は、まもなく明らかになりました。それは明治十三年（一八八〇年）九月十三日、天城艦が松島を測量して、松島が欝陵島であることを確認しているからです。

さらに松島が欝陵島であった事実については、明治十四年八月、官命を受けた北澤正誠が、『竹島考証』（一八八一年）で明かにしています。「竹島外一島」とされた松島は「欝陵島」のこととされ、竹島は鬱陵島東二kmの「竹嶼」のこととされたのです。一八七七年の太政官指令では、当時、「ヲリウツ瀬」、「メナライ瀬」または「リアンクール岩」等と表記されていた現在の竹島（独島）を「本邦関係これ無し」とはしていなかったのです。

その事実について語っているのが、隠岐島司の東文輔です。東文輔は、新島（竹島）を日本領に編入する際に、その島名の命名について尋ねられると、「鬱陵島ヲ竹島ト通称スルモ、其実ハ松島ニシテ、海図ニ依ルモ瞭然タル次第」だとし、「従来誤称シタル名称ヲ転用シ、竹島ノ通称ヲ新島ニ」付けるべきだとしたのです。

竹島が日本領に編入される以前の松島は、鬱陵島のことでした。この事実は、太政官指令で「竹島外一島本邦関係これ無し」とされた「外一島」の松島は、現在の竹島とは関係がなかったということです。それを『独島を正しく知る』（「露日戦争と日本の独島侵奪」）では、次のような説明を学習者たちにしているのです。

日本は一八七七年に太政官指令で独島が日本の領土でないことを明らかにした。にもかかわらず日本は一九〇五年に独島を自国の領土に編入した。その理由について理解してみよう。

この「露日戦争と日本の独島侵奪」の単元で学習者たちに伝えられているのは、日本は、太政官指令で竹島（独島）を日本領ではないとしたが、日露戦争の最中に日本領にしてしまった、という歴史認識です。

この「歴史認識」は、一九五四年十月二十八日、竹島問題の解決を国際司法裁判所に付託しようとした日本政府に対して、韓国政府が示した「歴史認識」と同じものです。韓国の盧武鉉大統領も「韓日関係に関連して国民に伝える文」の中で、「日本は露日戦争中に独島を自国の領土として編入した。それは武力で独島を強奪したことだ」としていました。

韓国側がこのような反応をするのは、独島が日露戦争以前に韓国領になっていた、と考えているからです。その「歴史認識」の根拠になっているのが、次の「勅令第四十一号」なのです。

(9) 一九〇〇年、大韓帝国の高宗皇帝と「勅令第四十一号」の石島

『独島を正しく知る』では、独島（竹島）が韓国領になった根拠とする「勅令第四十一号」について、「大韓帝国勅令第四十一号の内容と意味」の中で、次のように説明してい

ます。

「大韓帝国政府は勅令第四十一号を公布し、欝陵島を鬱島郡と改め、島監を郡守に昇格した。大韓帝国の勅令第四十一号を一九〇〇年十月二十七日付の官報（第一七一六号）を通じて掲載した。これを通じて、欝陵島と独島の領有権が大韓帝国にあることを知ることができる」

これを読むと、「勅令第四十一号」では、欝陵島を鬱島郡と改めて島監を郡守に昇格し、欝陵島と独島を韓国領とした。それを大韓帝国は、官報（第一七一六号）に掲載しているとしています。しかしここには問題があったのです。「勅令第四十一号」では、鬱島郡の管轄区域を「欝陵全島及び竹島、石島」としていますが、独島の名が見えないのです。

そこで『独島を正しく知る』では、「独島という名前はいつから使用されているか？」として、「勅令第四十一号」の中にある石島が独島であった理由を、次のように説明しています。

「一九〇〇年、大韓帝国勅令第四十一号では、独島を石島と呼んでいる。石島を国語にすれば〝石の島〟で、〝石でできた島〟ということだ。一九世紀末から全羅道地方の漁民たちは、石を独として、独島を〝ドクソン〟と呼んだ」

ここで『独島を正しく知る』が、「勅令第四十一号では、独島を石島と呼んでいる」としたのは、『勅令第四十一号』には、独島とした記載がないからです。実際に『勅令第四十一号』に記載されている鬱島郡の管轄区域は、「欝陵全島及び竹島、石島」と記されています。

そこでその石島を独島とする説明として、「石島」は、全羅道の漁民たちの発音の「独島」に近いという理屈をつけ、「欝陵全島及び竹島、石島」の石島は、独島だとしたのです。ですがこの説明は不自然なのです。歴史的事実として、韓国側で独島と表記するようになるのは一九〇四年九月、日本の軍艦「新高」が「韓国では独島と書き、日本の漁民はリャンコ島と呼ぶ」と報告したのが早い例だからです。一九〇四年以後に登場する「独島」が、一九〇〇年十月の『勅令第四十一号』に載せられた石島とするのは無理がありま す。それに欝陵島の島民が漁業に従事するのは、欝陵島近くでイカの好漁場が発見された一九〇三年以後のことです。それ以前に朝鮮半島から欝陵島に渡った島民達は、農業を生業としていたのです。

欝陵島には全羅道の人が度々往来していたという理由だけで、「勅令第四十一号」の石島を独島とするのは独断なのです。

それは「勅令第四十一号」で、鬱島郡の管轄区域が「欝陵全島及び竹島、石島」と定められる以前にも、大韓帝国には朝鮮時代から継承された伝統的な欝陵島の彊域が、存在したからです。その歴史的事実を無視して、語学的な説明だけで石島を独島とするのは無謀です。

欝陵島の彊域については、朝鮮政府と対馬藩の間で争われた欝陵島の領有権問題から、欝陵島の姿を描いた『欝陵島図形』が数多く作図されることになりました。その『欝陵島図形』の中で、後世にまで影響を与えたのが、捜討使の朴錫昌が作図させた『欝陵島図形』(一七一一年)です。朴錫昌はその『欝陵島図形』の中に、欝陵島の彊域を「縦八十里、横五十里」としています。これは欝陵島一島のことで、『欝陵島図形』には欝陵島から南東に八四・七㎞も離れた現在の竹島(独島)は、描かれていません。そしてこの朴錫昌の『欝陵島図形』では、欝陵島の東側約二㎞の竹嶼に「所謂于山島」と注記され、以後、

欝陵島の地図には竹嶼または于山島として描かれることになります。【写真⑥】【写真⑦】【写真⑧】

この欝陵島を一島とする地理的認識は、『三国史記』と『三国遺事』に記された于山国の時代と変わっておらず、一八八二年、高宗から欝陵島踏査を命じられた検察使李奎遠が描かせた『欝陵島外図』【写真⑫】でも変わっていません。李奎遠は欝陵島の東西を「六十里」、南北を「五十里」としています。また李奎遠は、朴錫昌が「所謂于山島」とした小島を「竹島」（チクトウ）とし、欝陵島の右上には島項を描いて、それを傍近の小島としています。

検察使の李奎遠は、『欝陵島外図』の他

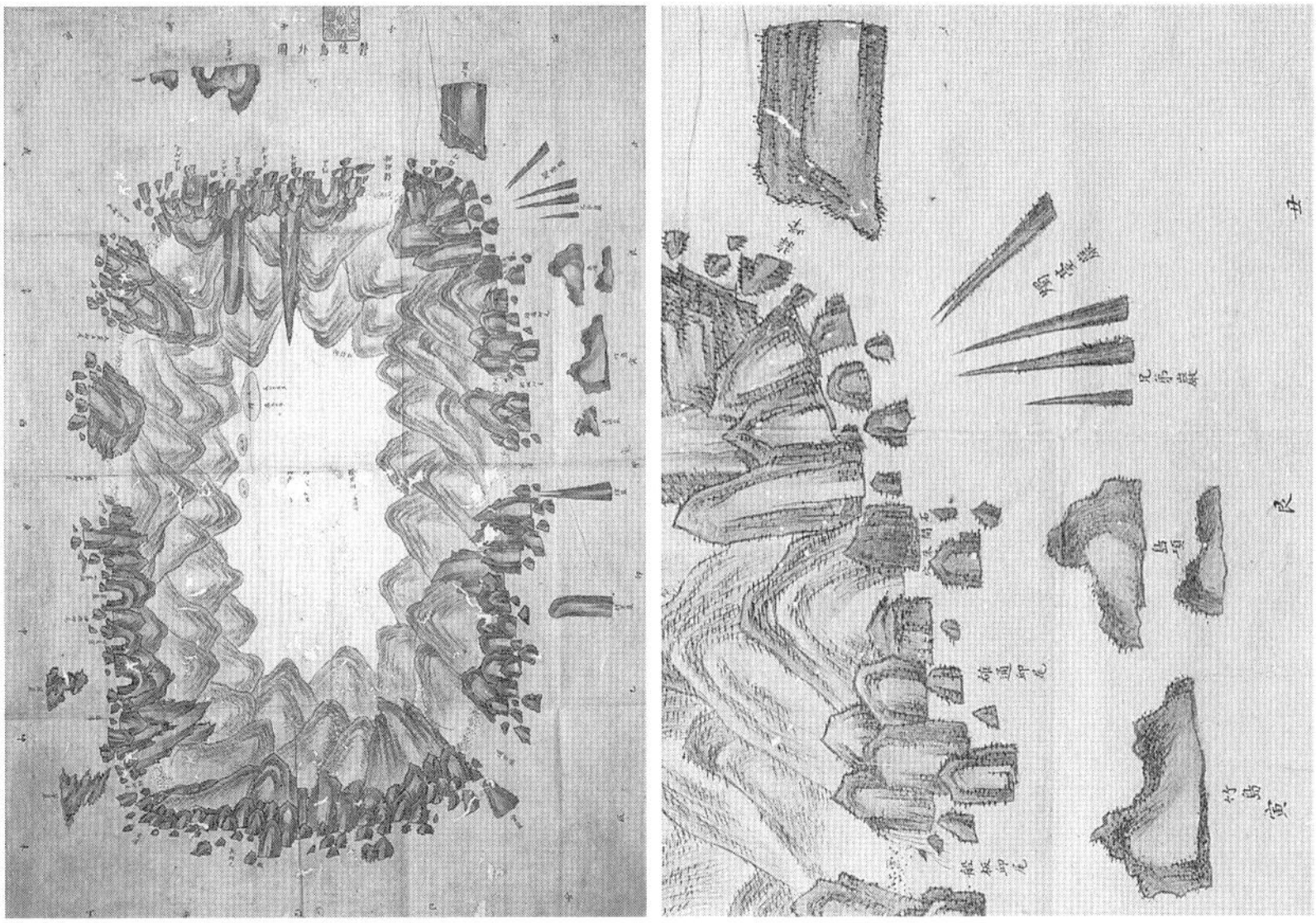
【写真⑫】李奎遠『欝陵島外図』とその拡大部分、島項と竹島と表記

に『欝陵島内図』を残しています。この『欝陵島内図』は、欝陵島の内部を描写し、『欝陵島外図』では欝陵島周辺の島嶼及び岩礁を描くことが目的でした。その『欝陵島外図』にも、独島は描かれていないのです。

それに「勅令第四十一号」が公布されることになったのは、欝陵島では日本人による伐木等が続き、それを管理する行政機関が必要になっていたからでした。事実、「勅令第四十一号」が公布されることになった理由の一つとして、「挽近、外国人が往来交易し、交際上」から管轄部署の必要性が認識されたからです。

そこで大韓帝国では、内部視察官欝陵島視察委員の禹用鼎等を欝陵島に派遣し、調査を命じたのです。その際には日本側から、釜山領事館の領事館補の赤塚正助が同行しています。この日韓合同の調査は一九〇〇年六月一日から六日まで実施され、赤塚正助の復命書である『欝陵島山林調査概況』では、欝陵島の疆域が次のように報告されています。

欝陵島は韓国江原道に属したる島嶼にして、松島又は竹島と称し「分註」東経一三〇度八分二秒、北緯三七度五分、(中略)、東西凡六哩強、南北凡四哩強、周囲凡二十哩。

これは明らかに欝陵島一島のことです。さらに赤塚正助の『欝陵島山林調査概況』には欝陵島の地図【写真⑬】が添付され、その地図には欝陵島本島の他に、付属の島嶼として「竹島」、「島牧」、「空島」の三島が描かれています。この三島は、李奎遠の『欝陵島外図』では、竹島（チクトウ）、島項、孔岩として描かれています。

その内、島項が「島牧」と表記されているのは、島項を韓国語の発音（ソムモク）に合わせ、漢字で表記したからです。「空島」も同じで、孔岩（コン・アン）を島と見立てて、韓国語の音に従って「空（コン）島」と表記し

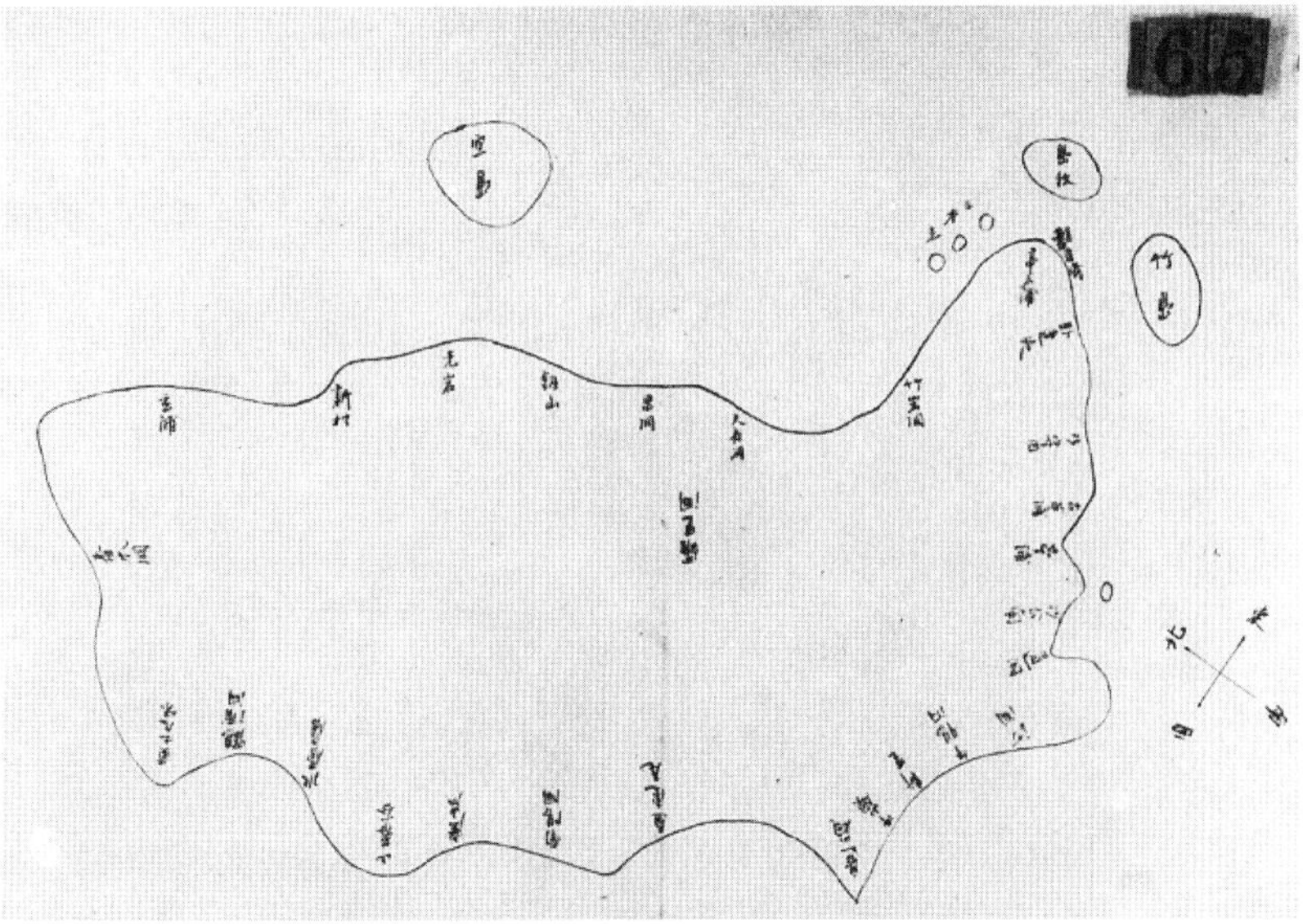

【写真⑬】赤塚正助「欝陵島図」（『鬱陵島山林調査概況』所収）、1900年
空島（孔岩）　島牧（島項）　竹島（于山島）

たのです。赤塚正助が提出した欝陵島地図は、捜討使朴錫昌の『欝陵島図形』に始まり、李奎遠で完成した『欝陵島外図』を基にしていたのです。

この赤塚正助が示した欝陵島の彊域は、視察委員の禹用鼎が報告した欝陵島の彊域とも重なっているのです。『勅令第四十一号』が一九〇〇年十月二十五日に公布されたのは、その禹用鼎の報告を受け、内部大臣の李乾夏が前日の二十四日、『欝陵島を欝島と改称し島監を郡守に改正することに関する請議書』を議政府会議に提出したことによります。そしてその『請議書』には、欝陵島の範囲が「該島地方は縦八十里で、横五十里」と明記されていたのです。『請議書』の中で、欝陵島の彊域を「縦八十里、横五十里」とする数字は、一七一一年に捜討使朴錫昌が作図した『欝陵島図形』に由来します。この事実は、「勅令第四十一号」で鬱島郡の管轄区域とされた「欝陵全島及び竹島、石島」には、独島（竹島）は含まれていなかったということを意味しているのです。

それに視察委員禹用鼎が欝陵島に派遣される前年、大韓帝国では玄采訳輯の『大韓地誌』（一八九九年刊）を刊行しています。そこでは大韓帝国の彊域が「東経一二四度三〇分に起り一三〇度三五分に至る」と明記され、「東経一三〇度三五分」を大韓帝国の東限としています。「東経一三一度五五分」に位置する竹島（独島）は、当然、大韓帝国の彊域外にあったことになります。

それに禹用鼎等の欝陵島視察は、欝陵島を一周しただけで終わっています。禹用鼎等一行は、竹島（独島）には渡っておらず、その存在についても言及していないのです。そのような竹島（独島）を石島とし、鬱島郡の管轄区域に含めることがあるのでしょうか。

では『勅令第四十一号』で鬱島郡の管轄区域とされた竹島と石島は、欝陵島のどの小島を指しているのでしょうか。そこで改めて検察使李奎遠の『欝陵島外図』とその復命書である『啓本草』と『欝陵島検察日記』で確認してみると、欝陵島の属島としては竹島（チクトウ）と島項の二島があります。

この竹島（チクトウ）は、欝陵島の東約二㎞に位置し、一七一一年に捜討使の朴錫昌が描かせた『欝陵島図形』で「所謂于山島」と注記された竹嶼で、李奎遠の『欝陵島外図』では「竹島」と表記されています。

すると残る「石島」は、李奎遠が『欝陵島検察日記』で「ただ叢竹あるのみ」とした「島項」ということになります。欝陵島視察に訪れた禹用鼎等は、李奎遠の『欝陵島外図』を基本とした地図を使っていたからです。

それに石島が島項であった事実は、一九〇九年刊の海図三〇六号「竹邊灣至水源端」【写真⑭】に記された島項の表記によって確認ができます。そこでは島項——が、鼠項島（「So moku Somu」）とされ、韓国語音を借りて読み方が英文で表記されています。そこでこの鼠項島の鼠項を、伝統的な反切借字として読むと、鼠項島は石島（「Soku＝石」島）と読むことができるのです。

【反切借字は、二字を書いて反切し、一音に読ませる方法で、鼠項の鼠（So）の最初の母音oと、項（moku）の最初の子音mを除きます。すると鼠項（So moku）からomが除かれ、Soku（石）となり、鼠項は石となるのです】

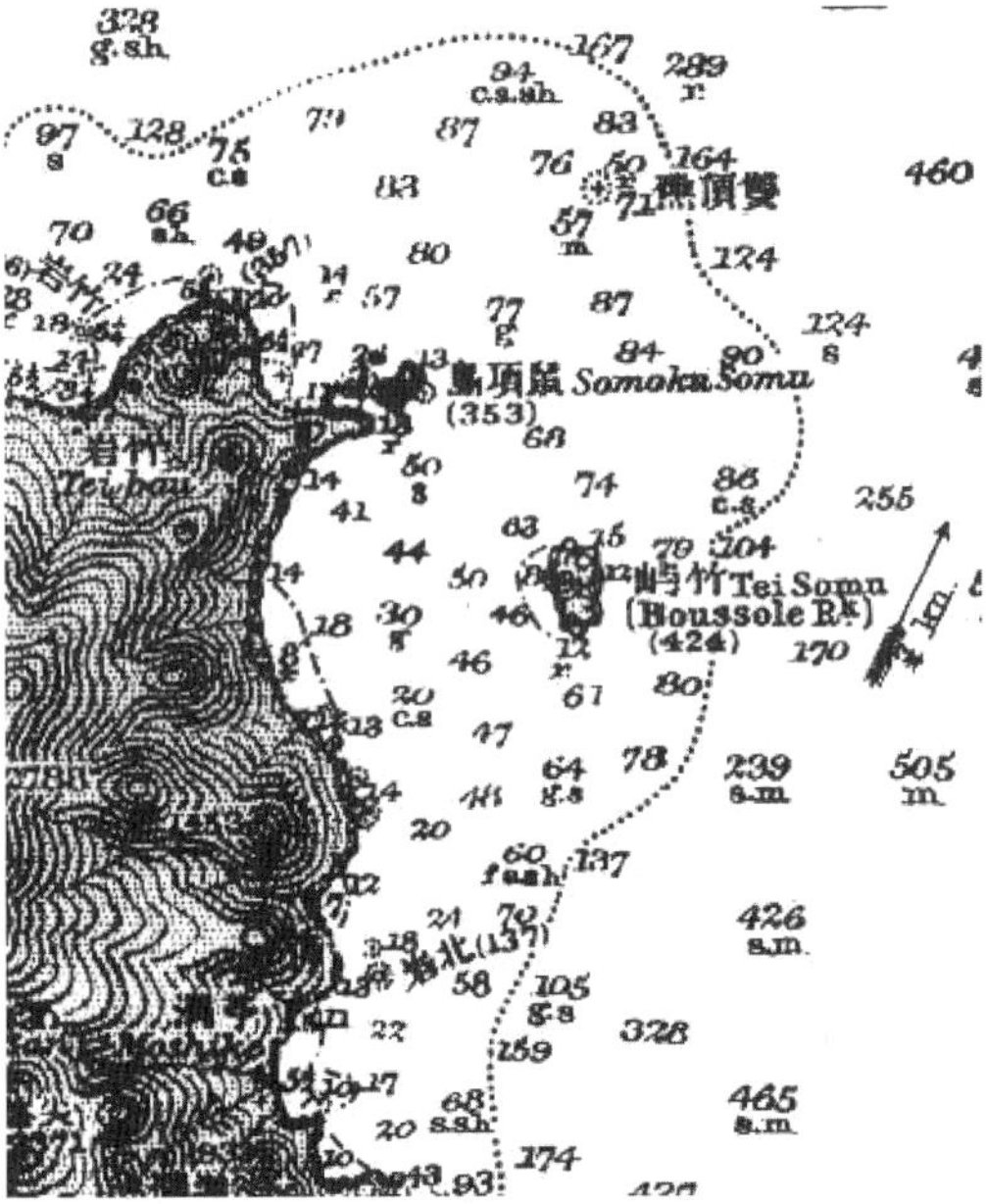

【写真⑭】「海図306号」（「竹邊湾至水源端」）部分、1909年
鼠項島（Somoku somu）竹嶼（Tei somu）

「勅令第四十一号」で鬱島郡の管轄区域とされた「鬱陵全島及び竹島、石島」は、いずれも漢音で表記されていません。しかし島項だけは漢音ではなく、韓国語の音を漢字に移し

たものでした。事実、李奎遠は『欝陵島検察日記』の中で、島項を「形、臥牛のごとし」と解説しています。鼠項を島項と同じく韓国語として「So moku」と読むと、「牛の首(項=うなじ)」の意味になります。それに実際の島項の外観は、岩島の上に女竹が叢生しているため、牛の項のように見えるのです。

「勅令第四十一号」で、鬱島郡の管轄区域を「欝陵全島及び竹島、石島」とする際に、韓国語的な島項を漢音に直して表記すると、石島となるのです。この事実は、「勅令第四十一号」には竹島(独島)が含まれていなかった、ということなのです。

韓国政府はこれまで、一九〇〇年十月二十五日に「勅令第四十一号」を公布し、竹島(独島)を韓国領にしていたとしてきました。ですが「勅令第四十一号」で、鬱島郡の管轄区域とされた石島は、欝陵島の右上に位置する島項だったのです。一九〇〇年の時点でも、竹島(独島)は韓国領ではなかったのです。

(10) 日本は一九〇五年、韓国の独島を「無主の地」に

ここまで述べてくると、韓国の盧武鉉大統領が、「日本は露日戦争中に独島を自国の領土として編入した。それは武力で独島を強奪したことだ」と日本を非難し、『独島を正し

く知る』が、日本は一九〇五年に韓国の独島を「無主の地」として編入したと批判していますが、その主張が正しいのかどうか、判断ができると思います。

『独島を正しく知る』では、独島は五一二年、新羅の異斯夫が于山国を攻めた際に、韓国領になっていた、としています。ですが歴史の事実は違っていました。『三国史記』と『三国遺事』には、独島（竹島）が于山国に含まれていたとする記述がありませんでした。また『世宗実録』「地理志」にある于山島も、後世の地誌からは実在しない島として削除され、最終的には欝陵島の東約二㎞の竹嶼のこととされました。この事実は極めて重要です。

しかしこの事実は、『独島を正しく知る』では教えられていません。歴史的事実として、于山島が欝陵島東二㎞の竹嶼となるのは、一七一一年に欝陵島捜討使の朴錫昌が、『欝陵島図形』で「所謂于山島」と付記したことから始まります。朴錫昌の『欝陵島図形』は、安龍福事件があって以後、朝鮮政府が欝陵島に捜討使を送って、欝陵島の現地調査を報告させたものでした。安龍福は「于山島は倭の松島だ、これも朝鮮の領土だ」と供述しましたが、それが現地調査の結果、于山島は欝陵島の東二㎞にある竹嶼のこととされたのです。その于山島は、鄭尚驥の『東国大地図』にも踏襲され、欝陵島の右側に描かれることになったのです。

鄭尚驥が『東国大地図』等で欝陵島の右側に于山島を描く以前は、『新増東国輿地勝覧』の「八道総図」がそうであったように、于山島は朝鮮半島と欝陵島の間に描かれていました。それが朝鮮政府が捜討使を欝陵島に派遣したことで、『欝陵島図形』が作図され、于山島は欝陵島の右側、または右上に描かれるようになったのです。歴史的に于山島と称されてきた小島は、竹嶼としてその存在を確かにしたのです。

しかし『独島を正しく知る』では、朴錫昌の『欝陵島図形』については学習者に伝えていません。そのため韓国の子ども達は、「八道総図」の于山島と鄭尚驥の『東国大地図』に描かれた于山島（竹嶼）の違いが理解できていません。そればかりか『独島を正しく知る』を見ると、鄭尚驥の『東国大地図』の系統を引く『我国総図』の于山島を独島としているのです。これは正しくありません。鄭尚驥の『東国大地図』系統の地図に描かれた于山島は、竹嶼のことだからです。

それを『独島を正しく知る』では、朴錫昌の『欝陵島図形』を教えずに、鄭尚驥の『東国大地図』に描かれた于山島を独島（竹島）としているのです。そのため林子平の『三国接壌図』に竹島（欝陵島）が描かれ、その右上に小島があるとそれを独島としてしまうのです。

韓国の子ども達がその手紙に、「林子平は独島を韓国領としていた」と書くのは、朴錫昌が復命した『欝陵島図形』について、教えられていないからです。それも朴錫昌の『欝陵島図形』で、現在の竹嶼に「所謂于山島」と付記していたのは、安龍福が「于山島は倭の松島だ、これも朝鮮の領土だ」と供述したことと関係しています。

そして竹嶼に「所謂于山島」と付記した朴錫昌の『欝陵島図形』を基に、『東国大地図』を作図したのが鄭尚驥です。鄭尚驥が作成した朝鮮地図では、于山島は竹嶼のこととされ、後世の朝鮮地図に受け継がれていきました。

これは「于山島は倭の松島だ」とした安龍福の証言に、問題があったということです。事実、安龍福が鳥取藩を目指して密航して来た際、『新増東国輿地勝覧』に由来する地図を持っていました。安龍福はそこに描かれた于山島を「倭の松島」としたのです。

しかし歴史的事実として、『新増東国輿地勝覧』に由来する于山島は、後世の地誌からは削除され、その存在が否定されています。この事実は『新増東国輿地勝覧』の「八道総図」に描かれた于山島と、朴錫昌が『欝陵島図形』で「所謂于山島」とした于山島には、連続性がなかったということです。

これは文献や古地図に于山島があるからといって、それを現在の独島（竹島）に読み替えることはできない、ということを意味します。文献や古地図を確認することなく、「独島は我が領土」と主張することは危険なのです。『新増東国輿地勝覧』や鄭尚驥の『東国大地図』を解釈する時は、そこに于山島があるからといって、同じ于山島であったのか、それが作図された経緯や歴史的背景なども検証することが重要だということです。

それは一八七七年の「太政官指令」に対する理解にも、同じことが言えます。そこには「竹島外一島本邦関係無之」とあって、島根県が提出した『磯竹島略図』に竹島（鬱陵島）と松島（竹島）が描かれていると、その「外一島」を現在の竹島と解釈するのも危険です。当時の地図や海図では、竹島（独島）を「ヲリウツ瀬」「メ子ライ瀬」、「リアンクール岩」等と表記していたからです。島根県が提出した『磯竹島略図』には、鬱陵島を竹島とし、竹島は松島として、近世までの呼称が記されていました。しかし太政官指令が下された頃の海図と地図では、鬱陵島は松島とされ、現在の竹島（独島）は竹島としては描かれていませんでした。これは島根県が提出した『磯竹島略図』の中の竹島と松島が、「竹島外一島本邦関係無之」と指令した太政官の竹島と松島とは違っていた、ということなのです。

その事実は、現在の竹島が日本領に編入される際、隠岐島司の東文輔が、「鬱陵島ヲ竹島ト通称スルモ、其実ハ松島ニシテ、海図ニ依ルモ瞭然」としていることでも確認ができます。これは「太政官指令」の「竹島外一島之儀本邦関係無之」とした部分だけを見て、外一島を現在の竹島（独島）とすることはできないということです。

『独島を正しく知る』では、この「太政官指令」によって日本は竹島を「日本領ではない」としたとしていますが、その「外一島」とされた松島は、「太政官指令」の三年後には、欝陵島であったことが確認されました。「太政官指令」は、日本政府が竹島を韓国領とした文献ではなかったのです。

さらに『竹島を正しく知る』では、「勅令第四十一号」を根拠に、「欝陵島と独島の領有権が大韓帝国にあることを知ることができる」としていますが、これにも検証（文献批判）が必要でした。「勅令第四十一号」にある石島は、『竹島を正しく知る』で説明しているような、全羅道の発音に由来するものではありませんでした。

それを明らかにする方法として、二つのアプローチの仕方がありました。一つは伝統的な反切によって、韓国音で表記されていた『欝陵島外図』の島項（鼠項島）を読むことでした。欝島郡の管轄区域とされた「欝陵全島及び竹島、石島」の中の石島は、島項（鼠項島）を漢語で表記したものだったのです。

さらにもう一つの方法は、「勅令第四十一号」が公布されることになった視察委員禹用鼎らの調査報告を確認することでした。禹用鼎らの調査報告を受け、李乾夏が議政府会議に提出した『欝陵島を欝島と改称し島監を郡守に改正することに関する請議書』には、欝陵島の範囲が「該島地方は縦八〇里で、横五〇里」と明記されています。これは朴錫昌の『欝陵島図形』によって確立した欝陵島の彊域と同じ数字です。それに朴錫昌の『欝陵島図形』と李奎遠の『欝陵島外図』には独島（竹島）が描かれていないのです。

この二点から言えることは、「勅令第四十一号」には独島が含まれておらず、独島は韓国領にはなっていなかったということです。これは当然、「勅令第四十一号」が公布された時も、竹島（独島）は日本領でも韓国領でもない無主の地であったということなのです。

一九〇五年一月二十八日、日本政府は閣議決定によって竹島を日本領に編入しました。その際、日本政府は竹島を「他国ニ於テ之ヲ占領シタリト認ムへキ形跡」がないとし、「国際法上占領ノ事実」があるものと認め、「本邦所属トシ島根県隠岐島司ノ所管」としたのでした。

日本が、「無主の地」の竹島を先占したとするのは、歴史的に独島が韓国領であった事実がないからです。

三、おわりに

（1）日韓の間では何故、歴史問題が起るのか

『独島を正しく知る』で竹島（独島）問題を学んだ韓国の中学生の皆さんは、当然のように「独島は我が領土」と考えていることでしょう。これに対して、竹島問題に対する日本の中学生諸君の知識は、圧倒的に乏しいのが現状です。日本の義務教育で、授業として竹島問題が正式に取り扱われることになったのは小学校が二〇二〇年度、中学校では二〇二一年度からです。それも竹島問題だけでなく、尖閣諸島に関連した授業も合わせて行われるのです。

これは二〇一一年から独島に関する教材（『独島を正しく知る』）が開発され、竹島問題に特化した特別授業が実施されている韓国とは大きな違いです。

その日本の学校教育の場に、韓国の中学生諸君から「独島は我が領土」とした趣旨の手紙が届けば、中学生達はもちろんのこと、指導する先生方も戸惑ってしまいます。そのため韓国側から手紙が送られ、一方的に「独島は我が領土」と主張されても、どのように対応したらよいのか、迷ってしまいます。これではせっかく韓国の中学生諸君が手紙を送っ

てくれても、日本の中学生諸君との対話が成り立ちません。日韓の間では何故、意思の疎通ができない状況になってしまうのでしょうか。次世代の主役となる日韓の中学生さんが、自分達も十分に理解ができていない竹島（独島）問題に振り回されるのは、残念なことです。

本来なら、竹島問題のような領土問題（韓国では歴史問題としています）は、大人達が解決しておくべき外交課題のはずです。その日韓の大人達が、中学生諸君に竹島問題を学ばせ、問題の解決を次世代の子ども達に任せるのは、大人としての責任を放棄するのと同じことです。

それにこの小冊子のはじめでも述べましたが、竹島（独島）問題に対する日本政府と韓国政府の姿勢は、異なっていました。このことが竹島問題の解決を遅らせてきた要因の一つとなっているのです。

竹島問題は一九五二年一月十八日、韓国政府が公海上に「李承晩ライン」を設定して、その中に竹島を含めたことからはじまりました。それが問題になったのは、竹島はすでに一九〇五年の時点で、日本領に編入されていたからです。そこで日本政府は一九五四年九月二十五日、竹島問題を国際司法裁判所に付託するよう韓国政府に提案しましたが、韓国政府は拒否しました。その時、韓国政府が示したのが、「独島は日本の侵略の犠牲となった最初の韓国の領土」とする歴史認識でした。

この事実からも明らかなように、韓国側では竹島（独島）問題を過去の歴史の解釈を根拠とした歴史問題と捉え、日本では領土問題としています。日本と韓国の間では、竹島問題に対する姿勢と考え方が異なっているのです。そのため島根県が二〇〇五年に「竹島の日」条例を制定すると、韓国の盧武絃大統領は、「それは正に過去の侵略を正当化し、大韓民国の独立を否定する行為である」と批判し、日本に反省を求めたのです。

この歴史に対する理解の違いが、「歴史教科書問題」や「慰安婦問題」、「日本海呼称問題」など、多くの歴史問題を引き起こす原因となっているのです。韓国側では、日本との過去を問題として、「過去の清算」を求めます。それに対して日本側から反論や主張がなされると、今度は、「過去の侵略を正当化し、大韓民国の独立を否定する行為」等として、自分達の「歴史認識」を根拠に、日本に謝罪や反省を求めるのです。

ですが「歴史認識」と「歴史の事実」は、同じではないのです。それはこの小冊子を読んだ日韓の中学生諸君であれば、理解ができると思います。「独島は我が領土」とする「歴史認識」で編纂された『独島を正しく知る』と、この小冊子（『日韓の中学生が竹島（独島）問題で考えるべきこと』）とでは、同じ文献の解釈でも、全く違った解釈がなされていたからです。

では解釈の違いが起るのは、何故なのでしょうか。それは論拠とする文献に対して、文献批判を行っていたのかどうかで、「歴史の事実」が異なってくるのです。

(2)『世宗実録』「地理志」の于山島と『東国大地図』の于山島

事実、『世宗実録』「地理志」と鄭尚驥の『東国大地図』には、同じく于山島が登場してきます。ですがその于山島は、全く別の于山島でした。鄭尚驥の『東国大地図』（十八世紀中ごろ成立）に描かれていた于山島は、朴錫昌の『欝陵島図形』（一七一一年）に由来する竹嶼でした。

では鄭尚驥の『東国大地図』では何故、于山島（竹嶼）が描かれていたのでしょうか。『独島を正しく知る』では、鄭尚驥の『東国大地図』について、「この地図では欝陵島の東側に于山島が描かれています。于山島は今の独島を言います」とするだけです。

しかしその于山島は、朴錫昌の『欝陵島図形』で「海長竹田／所謂于山島」と表記された現在の竹嶼でした。朴錫昌の『欝陵島図形』は、鄭尚驥の『東国大地図』にも影響を与え、後世の欝陵島地図の基本となっています。一八八二年の李奎遠の『欝陵島外図』もその一つですが、「勅令第四一号」で、鬱島郡の行政区域とされた疆域も、朴錫昌の『欝陵島図形』で「縦八十里、横五十里」としていたのと同じです。

その朴錫昌の『欝陵島図形』で重要なことは、竹島（独島）が描かれていなかったという事実です。それは李奎遠の『欝陵島外図』でも、同様でした。欝陵島の属島を描いていた李奎遠の『欝陵島外図』では、独島（竹島）を属島としてはいなかったのです。

朝鮮では安龍福の密航事件を機に、欝陵島に捜討使が派遣され、『欝陵島図形』が作図されました。その後、『欝陵島図形』系統の欝陵島図では、現在の竹嶼を「所謂于山島」、または于山島と表記しています。一八八二年の李奎遠の『欝陵島外図』では、朴錫昌が「所謂于山島」とした小島を「竹島」と表記しました。この竹島（竹嶼）が、「勅令第四一号」の第二条で、鬱島郡の行政区域とされた「欝陵全島と竹島、石島」の竹島です。

朴錫昌の『欝陵島図形』にはじまって、鄭尚驥の『東国大地図』、李奎遠の『欝陵島外図』などの于山島は、いずれも今日の独島（竹島）ではなかったのです。

では『世宗実録』「地理志」の于山島は、独島（竹島）だったのでしょうか。この于山島については、『世宗実録』「地理志」を底本として編纂された『東国輿地勝覧』（後に『新増東国輿地勝覧』）の記述で、判断ができるのです。『東国輿地勝覧』では「一説、于山欝陵本一島」として、于山島と欝陵島を同島異名としています。ここで「本一島」（本は同じ島）としたのは、『東国輿地勝覧』が編纂された当時、于山島と欝陵島の区別ができなかったからです。

それと同様のことは、『世宗実録』「地理志」と同時代に編纂された『高麗史』（「地理志」）の「蔚珍県条」でも確認ができます。「蔚珍県条」の本文では、欝陵島だけを記載して、分註では于山島と武陵島（欝陵島）を別の二島としています。『東国輿地勝覧』では「一説、于山欝陵本一島」としていますが、『高麗史』（「地理志」）の「蔚珍県条」では、「一云、于山武陵本二島」としていました。この混乱は、于山島と欝陵島の区別が明確でなかったことを示しています。そしてここには、独島（竹島）に関する記述がありません。十六世紀から十七世紀にかけての于山島は、欝陵島と同島異名なのかが論じられていたからです。

それが朴錫昌の『欝陵島図形』以後、于山島は欝陵島の東二㎞にある竹嶼とされ、『新増東国輿地勝覧』の記述を踏襲した『輿地図書』や『大東地志』等からは、于山島が消えています。『世宗実録』「地理志」の于山島は、欝陵島の東二㎞の竹嶼とされたからです。

しかし「于山島は独島である」とする前提（歴史認識）で『世宗実録』「地理志」を解

釈する限り、その于山島は独島（竹島）となります。これは「歴史認識」で歴史を語ることの限界です。

竹島（独島）問題を歴史問題として、『世宗実録』「地理志」の于山島を独島とするためには、他の文献や史料を使って、その事実を論証する必要があるのです。この工程を「文献批判」、または「史料批判」と言いますが、独島（竹島）問題を「歴史問題」とするのであれば、その作業は欠かせません。『世宗実録』「地理志」の于山島を解釈する際、欝陵島から「見える」島は独島しかないので、その于山島は独島に違いない式の解釈は、文献批判とは言わないのです。

それは『世宗実録』「地理志」や『東国輿地勝覧』のような地志は、編纂方針としての「規式」があり、それに依拠して編纂されていたからです。中でも欝陵島のような島嶼の場合、管轄する官庁から島嶼までの距離と方角が記載されるのです。この事実は、『世宗実録』「地理志」や『東国輿地勝覧』の記事には、編纂方針に沿った読み方があったということです。

そのため『世宗実録』「地理志」の「見える」は、欝陵島を管轄する蔚珍県から欝陵島が「見える」と解釈するのです。欝陵島から「見える」島は独島しかないので、その于山島は独島に違いないとする解釈は、「于山島は独島である」を前提として解釈しただけで、歴史研究とはいえません。「規式」の存在を認めて文献を解釈することと、「歴史認識」に立脚して、欝陵島から「見える」島は独島しかないとする解釈とでは、全く違った歴史になってしまうのです。

(3) 文献批判の重要性

では『独島を正しく知る』では何故、『世宗実録』「地理志」の于山島を、「独島である」としたのでしょうか。それは『東国文献備考』(「輿地考」)に、「于山は倭の所謂松島(現在の竹島)なり」とした記述があるため、それを論拠としたからです。

しかし文献批判をしてみると、その「于山は倭の所謂松島なり」の部分は、『東国文献備考』が編纂される前は、「于山欝陵本一島」(于山島と欝陵島は同じ島である)と記述されていたのです。これは『東国文献備考』(「輿地考」)が編纂される過程で、「于山欝陵本一島」が、「于山は倭の所謂松島なり」と書き換えられていた、ということです。

では何故、「于山欝陵本一島」が「于山は倭の所謂松島なり」と書き換えられたのでしょうか。それは鳥取藩に密航した安龍福が、帰還後、「松島は即ち于山島だ。これも我国の地である」と供述したことが関係しています。その安龍福の供述が、『東国文献備考』(「輿地考」)の編纂に影響していたからです。その事実は、『東国文献備考』(「輿地考」)の底本となった中景濬の『彊界誌』で、確認ができます。『東国文献備考』(「輿地考」)を編纂した中景濬等は、安龍福の証言を基にして、「于山欝陵本一島」を「于山は倭の所謂松島なり」と書き換えていたからです。

ですが安龍福が「松島は即ち于山島だ。これも我国の地である」とした于山島は、松島(独島)ではありませんでした。それは鳥取藩に密航した際、安龍福が持参していた「朝鮮八道之図」は、『新増東国輿地勝覧』の朝鮮地図だったからです。

これはすでに述べたように、『新増東国輿地勝覧』の「朝鮮地図」には、独島が描かれていませんでした。事実、『新増東国輿地勝覧』に収載された「八道総図」の于山島は、朝鮮半島と欝陵島の間に位置し、その広さも欝陵島の三分の二ほどに描かれています。しかしそのような島は、実在しません。安龍福はその実在しない于山島を、松島(竹島)だと証言していたのです。

韓国側の独島(竹島)研究では、安龍福の供述に対する検証をすることなく、『東国文献備考』(「輿地考」)の「于山は倭の所謂松島なり」を根拠に、松島(現在の竹島)を朝鮮領としています。しかし歴史の事実として、『東国文献備考』（「輿地考」）の「于山は倭の所謂松島なり」は、その編纂の過程で「于山欝陵本一島」が書き換えられたものでした。安龍福が「松島は即ち于山島だ。これも我国の地である」とした于山島も、それは『新増東国輿地勝覧』の中の実在しない于山島でした。そのため安龍福が松島（現在の竹島）とした于山島は、『輿地図書』や『大東地志』では抹消されています。

『独島を正しく知る』では、『東国文献備考』（「輿地考」）の「于山は倭の所謂松島なり」を根拠に、「于山島は独島である」としています。ですがそれは安龍福の偽証を基に、書き換えられたものでした。「于山島は独島である」とした「歴史認識」と、歴史の事実は違ったのです。独島（竹島）問題を「歴史認識」で語ることは、危険なのです。

そして多くの日韓の歴史問題では、例外なくその「歴史認識」で日本批判を行ない、次には「謝罪」と「反省」を求めて、「過去の清算」を迫っています。日韓の間では、それが当然のようになっています。ここに日韓の克服すべき課題がありそうです。

（4）「歴史認識」で求める「過去の清算」

現に、日韓の課題となっている日本海呼称問題もその一つです。韓国側の主張によると、東海の呼称は二〇〇〇年前から使ってきたといいます。それが一九二九年、国際水路局で『大洋と海の境界』が編纂された時は、韓国は日本の植民地であった。そのため韓国は、東海の正当性を主張することができなかった。それに韓国の独島が、日本海の中にあるのは、日本の領海の中にあるようで不適切で、日本海は東海に改めるべきである。

この「日本海呼称問題（東海併記問題）」も、韓国側の「歴史認識」が論拠となっています。

しかし歴史の事実として、韓国で日本海を東海と呼称することになったのは、二十世紀の中頃で、二〇〇〇年前から使われていた事実はありません。朴殷植の『韓国痛史』（一九一五年刊）でも、韓国の「境界は東、蒼海に濱（沿って）日本海を隔て」としているように、沿海部分の蒼海と外洋の日本海を区別していたからです。これは「東海―或は云う蒼海―日本海の一部」と報じた、一九二六年七月一日付の『東亜日報』も同様でした。『大洋と海の境界』が編纂された頃、韓国では、東海を日本海の一部としていたのです。

その東海が、日本海全体にまで拡大されるのは、日本の植民統治が終った一九四五年以後のことです。一九四六年六月十五日付の東亜日報は、「東海か?･日本海か?･」と題して、日本海の呼称を問題にしています。

韓国で日本海を東海と呼ぶのは、二〇〇〇年前ではなく、二十世紀の中ごろからです。それを韓国では、日本海の呼称を二〇〇〇年前から使用してきた東海に改めるべきだと主張して、国際社会に訴えているのです。

しかし二〇〇〇年前から日本海を東海と呼称してきたとする「歴史認識」には、根拠がありませんでした。日韓の間に生ずる「歴史問題」の多くは、文献が読めていない状況で、日本側に「過去の清算」を迫り、謝罪や反省が求め続けるところにあります。これは「過去の清算」を求める韓国側ばかりでなく、それに対して意見を言わない日本側にも問題があるのです。

そしてその日韓の歴史問題の出発点は、竹島問題で始まった「歴史認識」にあるようです。これは日韓の「歴史問題」は、竹島問題を解決しない限り、いつまでも同じような歴史論争が繰り返されていくということです。

(5) 日韓の相互理解の手段としての竹島(独島)問題

今回、この小冊子(『日韓の中学生が竹島(独島)問題で考えるべきこと』)を書くことにした理由もここにあるのです。その中で、日韓の中学生の皆さんには、「歴史認識」と

「歴史の事実」の違いについて、一緒に考えてほしいと思いました。

二〇一八年以来、島根県の中学校には、韓国の中学生諸君から竹島（独島）問題について記した手紙や葉書が届くようになりました。その手紙や葉書を読むうち、韓国の中学生諸君が学んでいるという『独島を正しく知る』では、竹島（独島）問題がどのように学ばれているのか、関心を持ったのがきっかけです。

手紙をくれた韓国の中学生さんには、手紙を読んで思ったこと、感じたことをまとめて返事を出しました。まだ韓国の中学生さんからの返信は届いていませんが、韓国の中学生さんのように自分の思ったことを素直に行動で示すことは、勇気がいることです。この韓国の中学生さん達の気持ちを無駄にしてはいけないと思います。

そこで竹島（独島）問題を『独島を正しく知る』で学んだ韓国の中学生諸君と、韓国の中学生諸君から送られた手紙を受けた日本の中学生諸君が一緒に読んで、考える冊子を作ろうと思いました。日韓の中学生諸君が、竹島（独島）問題という一つの問題を通じて、相互理解のできる場を創りたい、と考えたのです。

日本と韓国に限らず、歴史が違い、文化が異なれば、誤解や不信感が生ずるのは当たり前です。ですがその誤解や不信感を放置したまま、一方的に相手側を批判していれば、相互理解は難しくなるばかりでなく、心の距離も離れていきます。

日韓の中学生諸君には、旧い世代の考え方に縛られることなく、克服すべき課題としての竹島（独島）問題に挑んでもらいたいと思います。日韓の間にある竹島（独島）問題を日韓の相互理解の一歩とするのは、次の時代の主役となる日韓の中学生諸君だけでなく、私たち大人世代の責務でもあるからです。

【追記】韓国の中学生の皆さんから届いた手紙に対して、返事を書いておきました。韓国語に訳して、「Ｗｅｂ竹島問題研究所」のホームページに掲載しています。関心のある人は、読んでみてください。日本語版も「Ｗｅｂ竹島問題研究所」のホームページに掲載されています。

(https://www.pref.shimane.lg.jp/admin/pref/takeshima/web-takeshima/index.data/hagakikankoku.pdf)

(https://www.pref.shimane.lg.jp/admin/pref/takeshima/web-takeshima/index.data/SMBschoolK.pdf)

知っておくべき竹島の真実

安龍福の供述と竹島問題

下條正男 著

竹島問題を理解するための入門編として最適なブックレットシリーズ第1弾。日本と韓国の歴史認識の相違の端緒ともいえる、安龍福という人物の供述を検証することで本当の歴史認識を考えます。

ISBN978-4-86456-220-1
C0021　¥500E
定価：本体500円＋税

知っておくべき竹島の真実②

韓国の竹島教育の現状とその問題点

下條正男 著

ISBN978-4-86456-291-1
C0021　¥800E
定価：本体800円＋税

知っておくべき竹島の真実③

竹島問題と国際法

中野徹也 著

ISBN978-4-86456-294-2
C0021　¥600E
定価：本体600円＋税

【著者プロフィール】

下條正男

1950年長野県生まれ。國學院大學大学院博士課程修了。1983年韓国三星綜合研修院主任講師、市立仁川大学校客員教授を経て、98年帰国。翌年拓殖大学国際開発研究所教授、2000年同大学国際開発学部アジア太平洋学科教授に就任、現在に至る。
専攻は日本史。第１～第４期竹島問題研究会座長、元Web竹島問題研究所所長。著書に『日韓・歴史克服への道』（展転社）、『竹島は日韓どちらのものか』（文春新書）他。

日韓の中学生が竹島（独島）問題で考えるべきこと

二〇二〇年三月三十一日　初版発行

著者　柘植大学教授　下條正男
発行　第四期島根県竹島問題研究会
販売　ハーベスト出版
〒六九〇－〇一三三
島根県松江市東長江町九〇二－五九
ＴＥＬ　〇八五二－三六－九〇五九
ＦＡＸ　〇八五二－三六－五八八九

印刷・製本　株式会社谷口印刷

Printed in Japan
ISBN978-4-86456-340-6　C0021